LES GRANDES ŒUVRES POLITIQUES

GÉRARD MAIRET

LES GRANDES ŒUVRES POLITIQUES

Introduction à la théorie politique

LE LIVRE DE POCHE

DU MÊME AUTEUR

Ouvrages

LE MAÎTRE ET LA MULTITUDE. Les Editions du Félin, coll. « Philosophie », Paris, 1991.

DISCOURS D'EUROPE. Souveraineté, citoyenneté, démocratie, Editions La Découverte, Paris, 1989 (traduction espagnole, Barcelone, 1991).

LE DIEU MORTEL. Essai de non-philosophie de l'Etat. P.U.F., coll. « Philosophie d'aujourd'hui », Paris, 1987.

LES DOCTRINES DU POUVOIR. La formation de la pensée politique. N.R.F. Gallimard, coll. « Idées », Paris, 1978.

HISTOIRE DES IDÉOLOGIES (collectif avec F. Châtelet), 3 vol. Hachette-Littérature, Paris, 1978 (trad. italienne, espagnole).

LE DISCOURS ET L'HISTORIQUE. Essai sur la représentation historienne du temps. Mame, Paris, 1974 (*épuisé*).

Editions

A. Smith : RECHERCHES SUR LA NATURE ET LES CAUSES DE LA RICHESSE DES NATIONS, édition, introduction, Gallimard, « Idées », 1976. « Folio », Paris, 1990.

J.-J. Rousseau : ECRITS POLITIQUES, édition, introduction, commentaires, notes, « Classiques de la Philosophie », Le Livre de Poche, Paris, 1992.

AVANT-PROPOS

Le monde "tel qu'il est" et l'objet de la théorie politique

Quoi qu'il en soit, pour nous et aujourd'hui,
des *problèmes* existent
et le temps de la pensée n'est pas révolu.

Eric Weil,
Philosophie politique, § 27

Une *introduction* à la théorie politique doit permettre à quiconque s'intéresse à la politique, soit parce qu'il en fait, soit parce qu'il l'étudie (ou se propose d'en faire et/ou de l'étudier), de savoir à quoi il s'expose. Max Weber expliquait, alors que ce siècle commençait au lendemain de la Première Guerre mondiale, que l'État rationnel moderne est conduit par une variété toute nouvelle de « travailleurs intellectuels », les serviteurs de l'État. Or ceux-ci, qu'il s'agisse des fonctionnaires (qui servent l'État dans son administration) ou des politiques (qui le servent dans ses organes gouvernementaux) sont, toujours selon Weber, des *professionnels de la politique*. L'État moderne rationnel et efficace tient sa puissance d'une horde de « serviteurs », du premier jusqu'au plus humble, dont le point commun (et c'est souvent le seul) est d'être des professionnels de l'État : ils ont choisi le métier politique car ils ont la *vocation*.

La politique est aujourd'hui encore une manière de sacerdoce. Mais, à l'inverse du sacerdoce auquel se rapportait jadis une politique chrétienne, le sacerdoce au service de l'État moderne est au service de la puissance profane. Une *introduction* à la politique doit donc d'abord avertir ceux que la chose publique intéresse qu'ils s'exposent (c'est le mot juste) à être mis en contact avec le profane.

Ce volume permet de se faire à ce sujet une idée assez précise (assez précise dans le cadre d'une *introduction*) : les conditions théoriques de l'État moderne ont été élaborées par les théoriciens du XIVᵉ au XVIᵉ siècle : Marsile de Padoue, Machiavel, Bodin sont les principaux penseurs qui mettent en place le paysage philosophique de l'État souverain : ils en dessinent les cartes, en tracent les coordonnées ; tout le reste suivra et sera bâti selon les plans ainsi tracés. C'est la période de la liquidation de la politique chrétienne — le mot, là encore, est juste. De cette liquidation, surgit l'État qu'on a raison de dire « moderne » car il se définit par la souveraineté. Or, la souveraineté est éminemment puissance *profane* : la politique des Modernes est « moderne », justement, non parce qu'elle aurait évacué le sacré du champ de la politique (opération absurde tant la politique est le lieu du sacré), mais parce que *son* sacré, elle le trouve dans un fondement radicalement profane de la puissance. C'est cela qui est sacré pour les Modernes : le caractère profane de la puissance. Celle-ci ne procède ni d'un dieu ni d'une nature, pour la raison qu'elle procède de soi. Dans l'État, et voilà ce qui le spécifie *comme tel*, la puissance est à elle-même sa propre cause : l'État moderne est substantiel, il est cause de soi.

Une *introduction* à la théorie politique ne saurait donc consister en un exposé de cette politique, de ses principes et de ses formes [1] : elle doit se contenter, précisément, d'y introduire. C'est-à-dire d'en permettre l'accès. Il n'est pas avéré en effet que la compréhension de la politique — et donc de l'État — dans le monde tel qu'il est soit aisée. Peut-être cela vient-il d'une quantité surabondante d'informations à son sujet. On ne veut pas dire, faut-il le préciser, qu'il faudrait censurer ou même limiter l'informa-

1. J'ai tenté un exposé *philosophique* de la structure conceptuelle de l'État profane dans *Le Dieu mortel*, P.U.F., Paris, 1987.

tion politique. On veut dire que la compréhension théorique et *a fortiori* philosophique de l'État moderne (cette dernière devant obligatoirement s'élever à la compréhension du fondement métaphysique sous peine de naïveté ou de hâte) est rendue difficile par le trop plein de discours entendus et de faits rapportés. Il est donc utile de prendre un peu de recul sur l'événement, comme on dit, ou sur la mode, afin de se donner les instruments d'une compréhension de la politique *si* l'on a la « vocation » d'en faire ou la curiosité de la comprendre.

Toutefois, il ne s'agit pas de dire qu'un tel « recul » consiste à reculer devant le monde. Pour la bonne raison que c'est ce monde-ci qu'il s'agit de comprendre et nul autre ; pour la raison aussi que s'il est toujours possible à quiconque de ne pas faire de politique et même de ne pas vouloir la comprendre, il n'est jamais possible à personne d'y échapper, autrement dit de se retirer de ce monde-ci. Nous ne choisissons pas d'être (ou de ne pas être) des *animaux politiques*. Nous le sommes. Et nous ne le sommes pas n'importe comment ; nous le sommes dans un *monde* (ce monde-*ci*, car la cité céleste, si elle existe, existe dans l'arrière-monde de ce monde-ci).

La politique, en effet, est-ce trivial de le dire ? existe dans un monde et chacun de nous en fait partie. Et ce monde (que nous ne chercherons pas ici à comprendre en tant que monde, une tâche qui relève de la métaphysique) a ses lois, ses mœurs, ses usages, son histoire. Autrement dit, ce monde est comme il est, il n'est pas autrement qu'il est — cela ne signifie nullement qu'il est bien ainsi (et ne signifie pas non plus qu'il est mal ainsi). En fait, tout cela est très simple et l'on s'y attendait : la politique existe dans le monde tel qu'il est et non pas dans un monde tel qu'on imagine qu'il est ou tel qu'on voudrait qu'il fût. Il n'y a pas d'arrière-monde et il est inutile de nous faire croire qu'il y en a parce qu'un démagogue ou un prophète affirmerait avoir eu la révélation d'un monde juste et beau.

Ce sont là des sentiments qu'il est par ailleurs très légitime d'avoir ; il est même nécessaire de les avoir si l'on a la passion de la politique au point de désirer d'en *faire*. Il faut avoir des idées, voire des croyances, pour les faire passer dans les choses ; il faut parfois de l'idéal pour agir. La politique est de l'ordre de l'agir, elle est de l'ordre de l'action, autrement dit elle est de l'ordre de la moralité. Ce qui ne signifie pas, on ne le sait que trop, que toute politique soit morale ni que l'homme politique soit un être moral — bien qu'il puisse l'être. A vrai dire, la *moralité* dont il est question ici dépasse de très loin la morale personnelle des professionnels de la politique. Elle réside dans la structure politique du monde ou, pour parler selon le vocabulaire de la politique pratique, la moralité réside dans la structure de l'État, non dans le sentiment moral des « professionnels » qui le servent.

La politique ouvre donc sur la moralité, elle en est le corps matériel : le corps politique est un corps moral. Ce qui veut dire que l'action politique consiste à faire vivre la moralité dans le monde tel qu'il est. Cette proposition — *la politique consiste à faire vivre la moralité dans le monde tel qu'il est* — demanderait un long traité philosophique pour être fondée. Ce qui n'est pas possible dans le cadre d'une *introduction* dont l'objet est seulement d'éclairer le lecteur sur les intentions de l'auteur. En fait, cette proposition porte non seulement sur la nature de la politique en tant qu'action du point de vue de celui qui agit, mais aussi de celui qui cherche à comprendre ce que celui qui agit *est en train de faire* quand il fait de la politique. Mais cette proposition ne permet pas de la définir. Dans cette *Introduction*, on définira donc la politique : *l'action d'une communauté en vue de procurer une liberté égale à tous les membres qui la composent.*

Du point de vue sémantique, précisons que la définition proposée met ensemble les mots de *communauté* et de *liberté*, et cela semble indiquer que les objets auxquels ils renvoient existent aussi ensemble : *il serait dangereux de les séparer* ; c'est sur leur séparation que se fondent les tyrannies. Celles-ci en effet (quelque forme qu'elles prennent) sont toujours des tentatives pour nier que la communauté des hommes est une communauté d'hommes libres. Ce siècle a démontré qu'on pouvait définir la politique d'une autre façon et la faire d'une autre façon : en asservissant les hommes. A vrai dire, il s'agit plutôt de la négation de toute politique ; c'est le sens des enseignements fondamentaux d'œuvres aussi différentes que celles d'Hannah Arendt, d'Eric Weil, de Jan Patočka. Les tyrannies de ce siècle ont nié la communauté — *mais elles n'ont pas nié l'État*. Par rapport aux autres, à l'époque dite « moderne », la nouveauté de ce siècle aura été d'avoir déployé la figure dramatiquement inédite de *l'État sans communauté*.

Si donc il s'agit de penser la politique *aujourd'hui*, c'est cette histoire qu'il s'agit de comprendre et cela revient à penser les conditions nouvelles de la communauté qu'il reviendra au XXIe siècle d'accomplir. C'est comprendre la politique dans le monde tel qu'il est ainsi que le disait Eric Weil, le *dernier* penseur de l'État : « Quoi qu'il en soit, pour nous et aujourd'hui, des *problèmes* existent et le temps de la pensée n'est pas révolu. » Tentons brièvement maintenant de repérer ces « problèmes ».

Ce siècle, avons-nous dit, a produit la figure littéralement monstrueuse de l'*État sans communauté*, États guerriers fascistes et communistes. Le problème que le prochain siècle aura à résoudre est celui de l'invention d'un modèle nouveau de communauté, cette dernière étant le tissu de la moralité. Formulons donc l'hypothèse permettant l'examen du problème qui se pose à l'*homo politicus* européen en cette fin de siècle. La *volonté générale* parce qu'elle est le fondement de la moralité démocratique depuis deux siècles, semble avoir atteint son terme en épuisant son potentiel révolutionnaire et fondateur. Rousseau, qui est le premier, sinon à employer le mot du moins à en construire rigoureusement le concept, se trouve ainsi placé sur la sellette. Cependant, dans la mesure où il ne fait qu'achever le « droit politique » en construisant à partir de Bodin le modèle de la souveraineté du peuple [1], c'est le modèle de souveraineté lui-même qui se trouve mis en question. Ce que nous appelons l'Etat sans communauté, est précisément la souveraineté qui n'a plus pour *fin* que

1. On peut sur cette question essentielle (le rapport de Bodin à Rousseau) se reporter à notre édition des *Écrits politiques* de Rousseau ; Le Livre de Poche, « Classiques de la philosophie », Paris, 1992 ; spécialement à nos commentaires et notes sur *Du Contrat social*, pp. 492-529.

sa propre puissance. C'est la *volonté* qui devient à elle-même son propre but. Parce que la souveraineté est le principe de l'État, le problème de l'État est l'*État* lui-même, autrement dit la souveraineté.

Examinons donc comment l'État — *souveraineté* — est problématique. Le problème qui se pose aujourd'hui aux Européens, avec une acuité spéciale, est celui de l'*entendement politique de la crise*. Pour la première fois depuis deux siècles les Européens sont placés devant la question suivante : la *loi* peut-elle encore être pensée comme volonté du peuple souverain ? C'est dans le fait qu'une telle question se pose à l'entendement des Européens, d'Est en Ouest, sans qu'il leur soit apparemment possible d'y répondre, qu'il y a problème ou crise. Il se trouve d'ailleurs que ce problème est posé en Europe, dans une forme non-académique, mais il est très possible que cette crise ne soit pas seulement européenne — elle n'en est pas moins visible en Europe. Elle est, à vrai dire, *exemplairement* européenne. Remarquons d'ailleurs au passage que, vue sous cet angle — celui de la crise — la question de savoir ce qu'est l'Europe est pratiquement une question secondaire, voire rhétorique ; géographiquement parlant, on peut entendre l'Europe dans un sens large ou dans un sens restreint. Il importe en tout cas de l'entendre politiquement parlant, et sous cet angle (l'angle politique) qu'elle soit étendue ou restreinte, l'Europe reste le lieu de la crise. Crise de l'entendement, donc, c'est-à-dire dire *inadéquation des outils conceptuels* hérités de la philosophie politique, inadéquation des catégories pour penser le moment actuel. Il est difficile à la pensée de penser le moment actuel comme moment *historique*.

Cependant, nous avons tous (ou presque tous) l'intuition qu'un ordre historique est en train de basculer. Et l'on constate que le double mouvement sur le continent européen — émancipation à l'Est et intégration à l'Ouest — est une remise en question radicale d'une histoire à bien des égards fondamentalement issue du Congrès de Vienne. Dans ses profondeurs, en effet, le XIXe siècle avait, si l'on peut dire, devant lui un programme à remplir, un programme historique et philosophique — une sorte de programme moral. Ce programme était celui de la *souveraineté du peuple*[1]. Il lui venait des deux révolutions d'Amérique et de France. Il y avait un concept, hérité de Rousseau, celui de la volonté générale comme fondement de la loi, que les peuples avaient, dans la profondeur de leur désir politique, l'intention de mettre en œuvre. A cet égard 1848 est exemplaire d'un idéal comme le sera, à sa façon, la Commune de Paris. Tendanciellement, on peut dire que, à l'Ouest, le programme s'est réalisé, d'où la possibilité actuelle d'une *Communauté* existant au moins comme idée régulatrice. A l'Est, cependant, la « souveraineté du peuple » s'est radicalisée jusqu'à se corrompre absolument dans le despotisme du parti, d'où, aujourd'hui, l'extraordinaire effervescence porteuse à la fois d'émancipation et de nouvelles servitudes possibles.

On peut observer, en tout cas, que nous n'avons pas aujourd'hui de concept à réaliser dans l'histoire : nous n'avons pas un équivalent de la volonté générale devant nous, devant les yeux ; nous n'avons pas consciemment de 1848 en gestation. C'est pourquoi il faut parler de crise de l'entendement. Au siècle dernier, il y avait continuité entre le projet démocratique et le moment historique. Les peuples avaient la « démocratie » devant les yeux — ce qui pour beaucoup signifiait la « république ». Ils avaient devant les yeux *l'idée de Peuple et le peuple comme Idée*, quoi que l'on mît, alors, sous cette notion à la fois une et multiple de « peuple ».

S'il y a crise (ou quelque autre mot que l'on préférera) c'est parce que cette continuité *quasiment mystique* entre le principe éminemment moral de « peuple » et l'action historique pour faire passer ce principe dans les choses, n'existe plus aujourd'hui. Et pour cause : ce monde historique qui bascule sous nos yeux est le résultat de cette continuité, en sorte que l'Europe, *d'Est en Ouest*, n'a pas devant les yeux un programme moral, précisément parce que ce programme est derrière, dans le passé et la mémoire.

---

1. A cet égard l'œuvre trop peu connue de G. Ferrero, *Pouvoir - Les génies invisibles de la cité*, est fondamentale ; l'auteur montre que la révolution française a introduit un nouveau principe de « légitimité » — la légitimité démocratique que le XIXe siècle s'est appliqué à répandre en Europe. *Cf.* p. 245, notre chapitre sur l'ouvrage de Ferrero.

S'il y a crise, c'est qu'on n'a pas devant les yeux, de façon absolument claire, un principe de moralité. C'est un peu comme si l'Europe avait besoin d'une révolution nouvelle capable de la doter d'une pensée, voire d'un idéal, d'un but, ou simplement d'un entendement. Il y a donc une sorte de *hiatus* entre la grammaire de la souveraineté (qui va, peut-on dire, de Bodin à Eric Weil) et les événements qui se produisent pour ainsi dire d'eux-mêmes depuis 1985-1989 en Europe — à l'Est et à l'Ouest. Il y a un *blanc* entre ce qui arrive et ce qui est pensé, ou encore entre *ce qui est* et *ce qui est pensable*.

J'appelle « crise » (ou problème) la difficulté, voire l'impossibilité, où se trouve l'entendement à penser ce qui arrive, car ce qui arrive est peut-être bien une révolution ; précisément, une révolution contre l'entendement passé, mais qui n'a pas encore, semble-t-il, accouché de l'entendement de l'avenir. Il y a crise, parce qu'il y a obsolescence des catégories, notions et concepts de la philosophie ; crise, non des choses, non des événements (parce que choses et événements introduiraient un désordre aux lieu et place d'un ordre, de telle sorte que ce serait une crise de l'ordre) mais de la pensée. En fait, la crise vient de l'*irruption d'un impensable* dans le ciel faussement serein de notre morale et de notre métaphysique politiques ; il y a crise parce qu'il y a révolution contre la grammaire de l'État, contre la philosophie politique héritée. L'histoire, non pas le Sens (encore moins le Sens du Sens !) mais la totalité de ce qui arrive, l'histoire présente et quasi quotidienne depuis quelques années n'est plus guère pensable avec les catégories reçues de l'entendement politique.

Dans ce contexte, le concept de volonté générale est pertinent, pertinent car *problématique*. Cela pour deux raisons principales : une raison *métaphysique* et *morale*, autrement dit une raison politique, d'une part ; et, d'autre part, pour la raison en quelque sorte « historique » que ce qui arrive doit être compris comme critique de la volonté générale. Politiquement, cette notion renvoie en amont à l'idée de *peuple*, en aval à la *loi*. Quant au modèle métaphysique auquel elle se rapporte, il est celui de l'unité de la volonté : c'est en ordonnant la multiplicité des volontés singulières des individus d'une multitude quelconque à l'unité d'un vouloir universel, que la volonté générale existe comme telle. Cette opération, on sait que Rousseau en produit la formule dans le *Contrat social*. Dans son esprit, le modèle de la volonté générale est non seulement le modèle même de la démocratie, mais, plus généralement, celui de la république, le seul capable, selon Rousseau, d'assurer la liberté de l'individu parce qu'il garantit la *légitimité* de l'autorité : seul le pouvoir fondé sur la volonté générale est légitime.

On le sait, Rousseau prend soin de distinguer explicitement la volonté générale de la volonté de tous, et on vient de dire que la volonté générale consiste en la réduction de la multiplicité des volontés singulières d'une multitude d'hommes à l'unité d'un vouloir, à l'unicité d'une volonté. C'est justement cela qui est hautement intéressant car sans ce modèle de l'unité, la volonté générale pourrait se confondre avec la volonté de tous. Passons donc sur les métaphores mathématisantes de Rousseau qui, dans le *Contrat social*, tente vainement d'expliquer, par le calcul infinitésimal, le sens de la volonté générale. Et contentons-nous de ceci : la volonté de tous est une volonté multiple, alors que la volonté générale est une volonté une. En effet, la volonté de tous est la volonté de tout un chacun, sans oublier personne, et donc de tous. C'est donc bien la volonté du multiple ; c'est le multiple comme volonté. Au contraire, la volonté générale est, selon Rousseau, une volonté une, et même la volonté de l'Un. Il y a là, apparemment, comme une sorte de mystère. Mais le mystère cesse si l'on se demande quel est le sujet de cette volonté une. Autrement dit, quel est donc cet *Un* ? Quelle est cette personne dont la volonté est *générale* ? Telle est la bonne question. Et la bonne réponse est : cette personne est le « peuple ».

D'où la réponse qui s'impose à une autre question : *En quoi la volonté de l'Un — volonté du peuple — peut-elle être « générale »* ? La réponse est simple, là aussi, parce que, pour Rousseau, le peuple seul veut la généralité ; il ne peut vouloir que la généralité ; et c'est pourquoi ce vouloir du général n'est rien d'autre que la loi. Pour le peuple, penser c'est vouloir la loi.

Il y aurait évidemment lieu, on l'imagine, de commenter

tout cela. Constatons seulement, on l'a déjà dit, que la théorie rousseauiste de la volonté générale suppose en amont, une théorie du « peuple », et en aval une théorie de la « loi ». Mais bien entendu il ne s'agit pas de juxtaposer ces trois théories. Il s'agit en fait d'une unique théorie métaphysique de la volonté qui se déploie politiquement comme *sujet* et comme *objet* — respectivement comme peuple et comme loi. Dès lors, la question devient celle-ci : cette métaphysique de la volonté rend-elle possible une solution à la crise ou bien, *la crise ne vient-elle pas plutôt de cette métaphysique même* ?

Pour répondre à cette interrogation, il faut remonter plus haut que la volonté générale. Il faut se demander si celle-ci n'est pas une modalité particulière, philosophiquement et historiquement déterminée, de cette *métaphysique de l'Un* évoquée plus haut. En fait, il y a quelque présomption juste et forte à se demander si la volonté générale n'est pas la modalité *populaire* d'une figure fondamentale de la politique moderne — qui est la figure du *prince*. Ou, si l'on préfère, une modalité de la *souveraineté*. Les Modernes, en effet, ont thématisé la question politique en terme de souveraineté.

Ce concept, bien loin de se réduire à n'être qu'une expression juridique de la *potestas*, la puissance, depuis le XVIe siècle, est bien plutôt le centre d'une métaphysique de la volonté, *métaphysique de la puissance* liée à la nouvelle conception de la liberté humaine. La fondation des États historiques aux XVIe et XVIIe siècles européens était bel et bien une *nouvelle fondation de la liberté des hommes* ; et cette nouvelle liberté émancipait l'homme des déterminations de la nature cosmique et de la volonté de quelque dieu que ce soit. La *souveraineté du prince* comme doctrine politique exprime en vérité la *souveraineté de l'humain*, l'affranchissement de l'homme ; elle signifie sa puissance, sa liberté. C'est d'ailleurs sous ce point de vue que doivent être comprises les « philosophies de l'histoire » propres aux Modernes. Ce que ceux-ci nomment histoire est l'ensemble des productions qui libèrent les hommes à la fois des dieux et de la nature : la puissance profane est la forme de la liberté « moderne ». Par rapport à Machiavel,

Bossuet — *attardé à la providence*[1] — mène un combat d'arrière-garde ! Et le meilleur représentant de cette philosophie moderne de l'histoire qui exprime l'émancipation de l'homme vis-à-vis des formes de la *nécessité* est Marx lui-même...

Quoi qu'il en soit, la volonté générale est l'ultime figure du souverain. Elle l'accomplit et l'achève. Le souverain moderne est allé du prince au parti *via* le peuple. La *potestas* des Modernes — puissance de l'État profane — s'est donc accomplie et achevée dans le « peuple », car, après tout, le *parti* se donnait lui-même comme l'*avant-garde* du peuple. Du coup, une révolution (celle d'*octobre*) distingue un « peuple » bourgeois d'un peuple « prolétaire ». Et de ce point de vue la révolution d'octobre est la vérité de la révolution française dans ce que celle-ci avait de plus radical : Octobre vise à accomplir ce qui n'a pu l'être ni en 89 ni en 93, c'est-à-dire le radicalisme de la « souveraineté du peuple ». On voit en tout cas que l'une et l'autre de ces révolutions obéissent ensemble à la figure métaphysique du souverain. Ce point nous ramène donc à la volonté générale et à la question posée tout à l'heure en permettant d'avancer une hypothèse : si le modèle de la volonté générale (pensée libéralement ou radicalement, selon le parlement ou le parti) est en voie d'achèvement, alors c'est le modèle de souveraineté lui-même qui est en question. En sorte que la *critique de la volonté générale*, c'est-à-dire la critique politique et métaphysique de la moralité attachée au modèle de l'État historique, est en ce moment même à l'œuvre dans l'histoire européenne. L'histoire réelle est la critique d'une philosophie qui ne peut, et pour cause, penser une situation historique, la nôtre en cette fin de siècle, à l'aide d'une métaphysique de la souveraineté, pour la bonne raison que c'est cette métaphysique elle-même que l'histoire met en cause.

Il est grand temps de conclure et de constater que le débat ainsi ouvert est celui de la souveraineté, si bien que cette *Introduction à la théorie politique* serait pleinement

---

1. L'*anti-moderne* par excellence reste toutefois Joseph de Maistre. *Cf.* p. 175, le chapitre sur ses prodigieuses *Considérations sur la France*.

justifiée si elle permettait d'en comprendre les termes. Dans le monde tel qu'il est, la tâche, on le voit, est d'abord théorique : *il s'agit de penser*. Penser l'histoire selon son principe — ou plus modestement s'y efforcer — telle est l'unique justification de la *théorie*. De quelle histoire s'agit-il ? On l'a déjà dit, en Europe, à l'Est comme à l'Ouest, c'est une sorte de révolution qui est en cours. Et, comme dans toute révolution chez les Modernes, la question posée aux hommes qui la font est de fonder une *communauté*. L'Europe est en situation de fondation. Et, comme dans toute fondation chez les Modernes, c'est la question de la souveraineté qui est à l'ordre du jour. A l'Est, peuples et/ou nations (deux entités qui ne coïncident pas) s'efforcent tant bien que mal de se constituer comme peuples et/ou nations en consolidant et en affirmant leur souveraineté. A l'Ouest, le processus est, *apparemment*, contraire : les nations constituées s'ouvrent tendanciellement à des limitations, voire à des abandons consentis de souveraineté.

Il y a une quinzaine d'années, en France notamment, proposer un débat sur la souveraineté paraissait à la plupart un exercice d'un autre âge, voire abscons[1] ; aujourd'hui, poussés par l'histoire, on s'aperçoit qu'il n'en était rien ; que le débat n'était pas le moins du monde académique et certainement pas archaïque — il n'était pas à la mode. Mais en même temps on voit que le réveil historique de la souveraineté est extrêmement problématique : on procède en ce moment même en Europe à l'enterrement du modèle classique « de volonté générale » — selon le « peuple » ou selon le « parti ».

Le problème qui ne manque pas de surgir est de savoir sur quel principe la communauté doit dès lors être pensée théoriquement et établie pratiquement. La question d'une

1. En 1978, j'avais introduit ce débat sur la souveraineté, à partir de Bodin, notamment dans mon article : « Genèse de l'État laïc, de Marsile de Padoue à Louis XIV » (article repris dans mon ouvrage récent : *Le Maître et la multitude*, Paris, Le Félin, 1991). C'était le temps où il était élégant, avec Foucault, d'opposer la soi-disant multiplicité des pouvoirs à l'archaïsme supposé d'une pensée de la souveraineté ; ce qui permit d'empêcher tout développement sérieux de la pensée politique de l'État et notamment de comprendre ce qui en constitue l'essence : la puissance souveraine.

communauté non fondée sur l'idée rousseauiste de « peuple » — question de sa *possibilité* même — sera la question politique du siècle qui commence. Il ne s'agit pas ici de prophétiser l'avenir, mais de comprendre ce qui est donné aujourd'hui dans le présent de notre histoire : *l'épuisement de l'idée moderne de peuple.*

La défaite récente du parti ne saurait aller sans celle du « peuple » : prince, peuple et parti forment une même séquence métaphysique et politique — celle des Modernes, séquence de l'État profane. La déconfiture du parti ne saurait en rien rehausser le prestige du « peuple » et c'est une illusion entretenue à l'Ouest avec complaisance (indice d'un problème) que le modèle de la volonté générale dans sa version démocratique et libérale est la panacée politique de cette fin de siècle. Très loin d'être une solution à la crise, la volonté générale (comme le peuple qui lui est consubstantiel) nourrit au contraire les nationalismes à l'Est : ethnies, nations et peuples souverains affirment leur « souveraineté » dans la *guerre*. Et il n'est pas du tout sûr que l'obligation communautaire à l'Ouest ne contraigne pas à réviser radicalement les fondements des anciens États historiques, parties prenantes à l'union économique, monétaire et politique. Ce n'est pas assez en effet de dire que l'*union* est engagée ici (ou, en tout cas, qu'elle existe comme idée régulatrice, c'est-à-dire comme but) pour des raisons relevant de la seule nécessité économique. Sans nier cela, tout au contraire, il faut dire que l'impératif de l'union est d'abord moral ; les temps actuels sont ceux d'une nouvelle critique de la moralité, de ses fondements, qu'aucune évocation incantatoire au « peuple » ne permettra d'éviter.

C'est pourquoi sans doute, en Europe, et singulièrement à l'Ouest, le moment historique que nous vivons — moment de la crise — est celui d'une nouvelle fondation politique, c'est-à-dire d'une moralité autre que celle issue du particularisme plusieurs fois séculaire des peuples historiques.

[illegible]

[illegible]

[illegible]

[illegible]

[illegible]

LES GRANDES ŒUVRES POLITIQUES

Avertissement

Ce volume présente en quarante chapitres les « grandes œuvres politiques ». Il importe de souligner qu'il ne s'agit pas ici d'une histoire de la pensée politique[1] *; la présentation qui est faite de chaque texte vise uniquement à en proposer une voie d'accès. Cela dit, on peut disputer de la pertinence du choix qui a été fait et je conviens volontiers qu'il eût été possible d'en faire un autre.*

Mais un choix, arbitraire par nature, doit tout de même être justifié. J'ai choisi les œuvres en fonction de l'importance quelles avaient dans la constitution du concept de souveraineté. *Et l'on s'apercevra que la présentation qui est proposée ici de chacune d'elles l'est, dans la plupart des cas (quand cela est possible, ce qui n'est pas le cas chez les Anciens par exemple), du point de vue de la* souveraineté. *On pourra donc reconnaître dans cette galerie politique deux lignes de crêtes : le réseau général des concepts et catégories de la politique, de la* polis *à l'État, et, en surimpression pour ainsi dire, le réseau particulier de la conceptualité dite « moderne » entièrement distribuée autour du concept essentiel de* souveraineté.

Sur le caractère constitutif de la souveraineté, *le lecteur*

1. *Cf.* Gérard Mairet, *Les Doctrines du pouvoir. La formation de la pensée politique*, Gallimard, « Idées », Paris, 1978. Un ouvrage déjà ancien qui peut fournir au lecteur un utile point de comparaison.

peut se reporter à l'Avant-propos de cette Introduction à la théorie politique.

Un index *permet de se repérer dans ce double réseau. Quant à la partition des auteurs traités en Anciens, Chrétiens, Prémodernes, Modernes et Contemporains, elle n'a qu'une simple fonction de repérage : je le redis ici, ces « grandes œuvres politiques » ne forment pas une histoire (loin de là !), mais une galerie.*

I

LES ANCIENS

Verifier les incidences qu'ont eues les philosophes grecs sur la pensée politique musulmane.

Choix des auteurs et de leurs oeuvres traduits. Comment leur pensée politique fut interpretée par les musulmans.

PROTAGORAS
v.-492 / v.-422

et les SOPHISTES

Fragments politiques [1]

La sophistique a mauvaise réputation et, dans le langage courant, un « sophiste » est un menteur, au mieux un habile raisonneur. C'est à Platon sans nul doute que les Sophistes doivent d'être ainsi incompris et méconnus, voire méprisés. A vrai dire, pourtant, Socrate grand pourfendeur de sophistes était sophiste lui-même et si Platon, à la suite de son maître, opère une révolution dans la philosophie, il ne l'invente pas. La philosophie est présocratique ; elle s'inaugure véritablement avec Héraclite (v.-550 / v.-480) qui énonce le premier la forme du penser philosophique : le *logos* ; elle s'établit avec Parménide (v.-515 / v.-450) qui formule radicalement la question de l'*être*. Quant aux Sophistes leur contribution philosophique est fondamentale : on leur doit notamment l'invention de la politique comme *objet philosophique*.

Ce sont les Sophistes qui inventent non la politique, mais la pensée philosophique de la politique. On a pu

1. In *Les Présocratiques*, édition, traduction, notices et notes sous la direction de Jean-Paul Dumont, La Pléiade, Gallimard, Paris, 1988, pp. 981-1180 (nouvelle édition abrégée dans « Folio »).

parler, en ce sens, de « révolution sophistique ». Du coup, la « révolution platonicienne » est remise à sa vraie place : du point de vue de la pensée philosophique de la politique, le platonisme est tout entier déterminé par les problématiques des Sophistes dont il entreprend la critique. C'est dire qu'on ne saurait se fonder sur Platon pour connaître la pensée des Sophistes : en lisant Platon on ne connaît que la pensée de Platon lui-même, et ce qu'il pensait de ses adversaires.

Seul le travail de l'érudition a permis de saisir l'enseignement des Sophistes en matière politique. En effet, outre l'obstacle que constitue la présentation tendancieuse, par Platon, de ses adversaires, véritable écran entre nous et eux (accéder à la pensée des Sophistes au travers des témoignages de Platon est une entreprise vaine), il faut déplorer le fait que nous ne possédons que quelques fragments des œuvres de la sophistique. Aussi, la réhabilitation de la sophistique par le travail des érudits est un fait philosophique et politique de première importance dans le contexte théorique de notre époque : la « révolution sophistique » fut en effet une révolution démocratique. Mais surtout, et cela est sans doute plus important, les Sophistes, on l'a dit, sont les inventeurs de la philosophie politique. Cette circonstance est essentielle : elle relativise et remet à sa juste place un idéalisme politique hérité de Platon, qui, malgré la « rectification » d'Aristote lui-même, rejetait la pensée sophistique du côté des « sophismes » de ce qui pour l'auteur de *La République* n'était qu'une non-philosophie.

« L'homme est mesure de toutes choses, déclare Protagoras, des choses qui sont... des choses qui ne sont pas... ». Fragment célèbre qui ne se ramène pas à l'affirmation commode d'un relativisme facile (« à chacun sa vérité ») mais renvoie plutôt à une thèse commune aux Sophistes selon laquelle l'homme est le référent du discours, non pas l'homme singulier et individuel, mais l'humain. En ce sens, toute chose est *en l'homme*. On ne doit pas non plus attribuer à Protagoras, par cette doctrine, on ne sait quel humanisme. Ni relativistes, ni humanistes les Sophistes ont en commun l'idée selon laquelle les choses ne sauraient êtres définies ni connues en elles-mêmes — mais seulement dans et par le *discours humain*.

Cette proposition de Protagoras peut donc illustrer une attitude philosophique propre à la sophistique en ce que celle-ci donne la priorité au *logos* — langage, discours — comme moyen d'accès aux choses en général. Or, le langage est humain. Si les Sophistes sont les maîtres de la parole c'est parce qu'ils ont fait cette découverte capitale qu'en dehors du langage il n'y a aucune norme de vérité. Pour eux la *vérité est rhétorique* ou bien n'est pas.

Toutefois, il est évident que tous les grands Sophistes n'étaient pas les disciples du seul Protagoras. Autrement dit, il serait abusif d'unifier la sophistique sous la conduite de Protagoras ou encore de Gorgias, autre grand Sophiste. Il reste que la proposition de Protagoras est de nature à éclairer, par sa concision, voire par son ambiguïté même, un point de vue sophistique en politique. Mieux, dans la mesure où Protagoras nous met en présence du *logos* comme vecteur permettant l'accès aux choses, et notamment aux choses de la cité (*Polis*) nous sommes mis du même coup en présence de la problématique politique des Sophistes.

Gorgias et le moment opportun

Puisqu'il n'y a pas de vérité en soi des choses — il n'y a que la conviction ou plutôt l'*opinion* que le langage nous permet de former à leur sujet — la question politique fondamentale sera de savoir comment s'orienter dans les choses. Autrement dit, quel est le critère de l'action ? Gorgias répond que le critère de l'action est l'opportunité : il est opportun ou il n'est pas opportun d'agir. *Saisir l'occasion*, c'est déterminer ce qu'il est opportun de faire. Le moment opportun (*Kairos*) voilà donc le critère de l'action politique. Le *kairos* est la norme de toute politique.

Cette conception — qui n'est pas au sens strict une idée théorique, mais une maxime pratique — permet ainsi d'écarter nombre d'illusions sur la politique. Tout d'abord, il n'y a pas de norme de l'action vraie ou de l'action juste. Est juste et vraie, si l'on tient au mot, l'action qui réussit parce que, littéralement, elle a été accomplie *à temps*. C'est-à-dire en temps opportun. Inutile — et vain — comme le fera Platon de tenter d'élaborer une théorie (vision contemplative) du Bien, du Juste *en soi* afin d'y conformer l'action politique. Pourquoi ne sera-t-il pas possible d'être platonicien ? Parce que le langage permet d'affirmer d'une chose aussi bien *ceci* que *cela*. Par le langage, adroitement manié, on peut dire d'une chose qu'elle est vraie *et* qu'elle est fausse. On peut dire d'une figure que c'est un cercle *et* que ce cercle est un carré. Les Sophistes ont d'ailleurs entrepris par une opération de haute rhétorique de démontrer la quadrature du cercle ! On voit bien qu'il y a un prodigieux piège du langage — du *logos* — puisque, ramenant tout à l'humain, l'humain peut grâce à lui affirmer tout et le contraire de tout.

Il n'y a donc que de l'apparence. Ce n'est pas dire qu'il n'y a que du factice. C'est dire que tout est manipulable et que, par exemple, la *vérité* est une manipulation. Une politique qui prétendrait se fonder sur une connaissance vraie des choses humaines (et des choses en général) serait une illusion et une tromperie. La vérité est donc, par elle-même, un pur mensonge. Mais cela ne veut pas dire — comme feignent de le croire ensemble Socrate et Platon — que le mensonge soit la vérité de la sophistique. Ainsi, il n'y a pas de politique possible selon le vrai : les Sophistes récusent le platonisme politique *par avance*.

Une politique fondée sur le discours vrai étant impossible (parce que par le langage, justement, le vrai et le faux sont ensemble vrais et faux) seule une politique de l'action opportune est une politique honnête et juste. Est donc juste ce qui réussit. Il suffit, pour rendre la cité juste non pas de découvrir la nature du Juste tel qu'il est en soi (vaine ambition), mais d'initier les citoyens, la masse au maniement du *logos*. C'est pourquoi les Sophistes ont entrepris d'éduquer le peuple, et d'enseigner au peuple qu'il n'y a pas de vérité existant par elle-même à laquelle il doive se soumettre dans la cité. Rien n'est donc plus éloigné de l'enseignement politique des Sophistes que l'illusion platonicienne, éminemment aristocratique, du « philosophe-roi ». La vérité ne saurait, pour les Sophistes, être le fait de quelques-uns, ceux qui, comme Socrate, s'échappent de la caverne. Une telle vérité cachée *au-delà des hommes* est pour les Sophistes non seulement une illusion trompeuse, mais surtout une illusion dangereuse pour la foule. Si celle-ci en effet s'y abandonne, si elle s'en remet au démon de Socrate plutôt qu'à son propre *jugement* sur ce qu'il est opportun de faire et donc *juste* c'est la justice même qui est manipulée au moment où le roi philosophe s'en réclame.

Antiphon : la nature et la loi

On voit ici très clairement que la négation de toute politique fondée sur la prétention aristocratique de posséder des lumières sur l'essence cachée du Bien, du Juste en leur vérité, n'est en rien une politique négatrice du juste. Platon et le platonisme s'efforceront d'entretenir cette confusion, relayés par la révélation chrétienne laquelle imposera l'idée d'une politique fondée sur la révélation de la Vérité en soi.

Antiphon, qui fut un contemporain de Socrate (Xénophon rapporte une discussion qu'il eut avec Socrate sur le métier de Sophiste) fut le penseur à qui l'on doit une distinction très forte entre loi par convention et la loi par nature. *Nomos* et *phusis* — loi et nature — fondent deux justices et deux cités opposées. L'antithèse *nomos/phusis*, qu'Antiphon n'invente pas, mais à laquelle il donne une signification politique radicale, est depuis lors une catégorie fondamentale de la pensée politique. Cette distinction lui permet d'affirmer le caractère arbitraire de la loi, non dans le sens où la loi serait oppressive (ce qu'elle *peut* être), mais surtout parce qu'elle ne procède d'aucune nécessité dans la mesure où elle résulte d'une convention. Par conséquent, une autre convention peut la défaire. Dès lors, l'obéissance à la loi est matière à discussion : une loi *ici* dit que cette chose est juste ; une loi *là* dira que cette même chose est injuste. Et le juste aujourd'hui est l'injuste demain. Donc, il est de l'essence de la loi d'être arbitraire car contingente.

Pour Antiphon, une cité qui reposerait sur une telle conception de la loi ne serait pas une cité juste. En effet, l'obéissance aux lois ne reposerait pas sur l'adhésion au bien-fondé de la loi ; au contraire, une semblable loi permet aux *habiles* de la contourner pour s'en jouer, aux influents de se dispenser de s'y soumettre. Constatons d'abord que cette loi (par convention) produit l'inégalité. Si la justice, constate ensuite Antiphon, consiste à ne pas transgresser les lois, alors un homme se conduira conformément à la justice s'il se contente en public de respecter la loi, cependant qu'en privé il fera tout ce qu'il peut pour y échapper. Pour Antiphon, la loi-convention est impropre à fonder un ordre politique équitable, c'est-à-dire également juste pour tous. Ne suffit-il pas de faire semblant d'obéir quand on vous regarde, pour être « juste » ? Bien loin, comme on le voit, de ne pas avoir le souci de la justice, comme le leur reprochait Socrate, les Sophistes sont au contraire tout pénétrés de la faire exister dans la cité. Si, comme le pense Antiphon, la justice ne procède pas de la loi, car les conventions sont fragiles et incertaines, cela ne signifie pas qu'il n'est pas de justice possible dans la cité. C'est tout le sens de l'opposition *nomos/phusis*. « Les prescriptions de la loi, dit Antiphon, sont surajoutées, celles de la nature sont nécessaires. » On ne saurait donc penser et établir la concorde dans la cité sans recourir à la nature comme norme.

Auteur d'un traité perdu *De la Concorde*, Antiphon affirme donc l'existence d'un droit naturel avant la lettre. La vie droite et équitable est pour lui *vie selon la nature*, non selon la loi. Et si la concorde est possible entre les hommes grâce à l'observance des lois naturelles et non des lois conventionnelles, c'est parce que la nature est égalitaire. Devant la nature, dit-il, Grecs et Barbares sont égaux : « Nous sommes des Barbares les uns pour les autres, puisque par nature nous sommes en tout semblables, et aussi bien les Barbares que les Grecs ».

Prodigieuse audace d'Antiphon le Sophiste proclamant l'*égalité* des Grecs et des Barbares ! Une leçon qu'il nous faut aujourd'hui réapprendre.

PLATON

428-347 av. J.-C.

La République[1]

Contre les Sophistes (tels au moins qu'ils nous les représente), Platon affirme l'existence d'un *problème* politique. La vie en commun n'est ni de convention ni d'artifice, en sorte que, si c'était le cas, il n'y aurait pas de réponse *vraie* au problème politique, mais autant de solutions particulières et conjoncturelles qu'il y a d'intérêts privés dans la Cité.

Au contraire, Platon affirme l'existence du vrai en politique, l'âme rationnelle est, dès lors, l'objet de la politique. Le vrai discours sur la Cité est discours selon le bien car la politique étant la recherche de ce qui vaut le mieux, le bonheur ne saurait être atteint dans la Cité que par la voie droite, conforme à la nature.

Du vrai en politique

Le *juste* est préférable à l'injuste, et connaître le bien est ce qui compte le plus. Ecoutons Socrate : « La voilà donc fondée, notre Cité !... nous verrions en quel endroit y peut bien résider la justice, en quel endroit l'injustice ;

1. In *Œuvres complètes*, trad. L. Robin, La Pléiade, Gallimard, Paris, 1950.

quelle différence il y a entre elles ; laquelle des deux on doit posséder si l'on veut être heureux » (**IV**, 427-d).

Pour Platon, la politique en tant que telle fait problème, il y a donc lieu de bien formuler la question politique. Comment peut-on dire que la politique ne fait pas problème ? En niant purement et simplement (ce que fait Thrasymaque) qu'il y ait une différence entre le juste et l'injuste. Socrate (et donc Platon) affirme la différence du juste et de l'injuste *en politique,* et conséquemment introduit en ce domaine la question décisive de l'*évaluation du meilleur*. La formulation socratique du problème politique consiste à *valoriser* la question du pouvoir. Ce qui n'est pas le cas chez les Sophistes. Chez eux, à l'inverse de Socrate, la politique est de l'ordre de la stratégie : il s'agit de s'organiser pour prendre le pouvoir et en cela la *force* est toujours déjà légitime. Socrate récuse cette manière réaliste d'envisager la question qui fait la part trop belle aux *faits*.

Il y a pour lui un problème car il ne s'agit pas de prendre le pouvoir (lequel ?), mais d'atteindre le meilleur en réalisant le bien. La différence du juste et de l'injuste est celle qu'il y a toujours entre le vrai et le faux : préférer le juste, c'est aimer la vérité. Problématiser la question politique c'est donc d'abord moraliser la vie politique en établissant ensuite la liaison de la question du vrai avec celle de la vertu.

Conséquence ultime : le meilleur étant ce qui est préférable à la réussite, le juste à l'injuste et le vrai au faux, il y a lieu en politique de discerner le bon gouvernement du mauvais, de sorte que le pouvoir dans la Cité étant justiciable du vrai (pensable selon la vérité) *la moralisation de la question politique consiste à sacraliser l'autorité*, car évaluer le bien c'est le connaître selon la vérité. On comprend, dès lors, que ni le critère de la réussite ni celui du plaisir ne peuvent donner lieu à une pensée *vraie* de la politique ; seule une vision du bien, une contemplation du juste, peut permettre de parvenir à la république en idée. La conséquence politique (dans le sens de l'engagement politique) de cette manière de voir est de disqualifier la démocratie, puisque l'opinion de la multitude est par sa nature même portée au plaisir plutôt qu'à la raison : « Au jugement de la foule, le bien est le plaisir, tandis que pour des gens plus délicats, c'est la pensée » (**VI**, 505-ab).

Ce qui vaut le mieux

Pour Platon, c'est l'*Ame* qui est objet de la politique. Dans le *Gorgias*, Platon expose cette théorie par la bouche de Socrate : *l'objet de l'art politique est l'âme parce que la fin de cet art est ce qui vaut le mieux* (Gorgias, 464a - 466 ss). Si donc la question politique est de déterminer ce qui est bon, alors c'est du côté de l'âme rationnelle que le regard doit se porter. Avec l'âme, c'est la question du *bon par nature* qui est soulevée : la définition du *juste*, qu'on ne doit pas confondre avec l'enquête portant sur *ce qui* est juste ou encore sur *ce qui* ne l'est pas, est la référence au *juste par nature*. Ce qui vaut le mieux est précisément ce qui est conforme à la nature.

Le recours à l'âme rationnelle vient de ce qu'on ne saurait distinguer le vrai du faux, le bon du mauvais, le juste de l'injuste par référence à la pratique courante de la vie politique, justement parce que c'est elle qui est en cause. La pratique est par définition arbitraire et contradictoire et l'on ne peut rien fonder sur elle de durable. La référence à l'*âme rationnelle* est la référence à ce qui transcende l'ordre des pratiques conflictuelles — c'est-à-dire conformément l'ordre de l'histoire et du devenir — pour fonder un ordre politique permanent et durable.

Le problème politique est donc celui — tout théorique — du « meilleur régime » : *quel régime vaut le mieux par nature*, c'est-à-dire conformément à l'idée même d'un *bien politique* ? La réponse à cette question (qui dépasse désormais les options politiques personnelles de Platon lui-même ou de Socrate) définit le statut de la réflexion sur la préférence à donner, dans l'organisation de la Cité, à la justice. Mais, chez Platon, la recherche du « meilleur » n'est pas la recherche d'un ordre politique adéquat à une situation historique donnée, ce qui reviendrait à corrompre les fins par les moyens, mais à l'inverse, elle consiste à plier les moyens à la réalisation de la fin.

Entre l'âme (principe d'évaluation du meilleur) et l'histoire ou devenir (règne de la nécessité et du besoin), Platon choisit l'âme en laquelle il voit la seule et unique source de légitimité. Entre l'individu droit (le Sage) et la Cité juste, il y a une harmonie que la science de la politique ne fait qu'énoncer.

Ce qui vaut le mieux n'étant pas discernable dans l'histoire, c'est dans le *discours (Logos)* — et « en paroles » — que la description du meilleur régime est possible, description qui, ainsi, sera rendue pertinente. Il n'y aura pas non plus de Cité juste sans la parole d'un individu sage : la vie politique *est* la vie philosophique.

La République *en idée*

Dans *La République*, l'idée platonicienne de la cité juste n'est pas la représentation idéale d'une justice utopique. Ce n'est pas non plus la description de la cité historique : cet aspect des choses, Platon l'abordera dans les *Lois*. Seul un contresens sur la démarche platonicienne peut permettre de parler d' « utopie » ou d' « irréalisme ». *La République*, qui présente la Cité selon le vrai, est la description de la Cité théorique ou mieux c'est la forme de la *Cité théorétique*. Cela pour deux raisons.

La première concerne la construction de *La République* qui décrit un État-Cité conforme à son idée et, par conséquent, juste *en soi,* meilleur régime par nature. Ni idéale, ni utopique ni même théorique, car ce serait l'opposer à « pratique » (or, *La République* ne s'oppose pas aux *Lois,* elle en indique la *fin* : la vie politique vertueuse), la république de Platon est une république théorétique.

La seconde porte sur la nature même du discours politique platonicien qui énonce le *juste en soi* — le juste « en paroles », discours qui est la science (politique) ou sagesse et qui doit être compris comme discours dianoétique : « L'État-Cité que notre présente analyse est en train de fonder... a son existence en des paroles, vu qu'il n'y a, je pense, aucun lieu de la terre où il se trouve »

(IX, 592-ab). Ainsi, la pensée de la Cité selon son principe vrai ne peut s'effectuer qu'à la faveur d'une ascension *dialectique*, passage au-delà du sensible, en direction de l'Idée.

Si Socrate se réfugie dans le discours, comme il le dit lui-même, c'est parce qu'il refuse de s'en tenir à la conception purement « physiologique » de la nature : la nécessité pratique (les besoins) n'est pas la garantie d'une action droite. Si le meilleur régime est « en paroles », il ne cesse pas pourtant d'être raisonnable, au contraire : il n'en est que plus réel : « Nous disons que, avant l'avènement de la race des philosophes à la conduite de la Cité, ni pour celle-ci ni pour les citoyens, il n'y aura de trêves à leurs maux, non pas non plus avant la réalisation, *en fait*, du régime politique qui, *en paroles*, est la matière de notre conte » (VI, 501-e).

La « dialectique » ne fait qu'administrer les conséquences de cette manière de voir ; elle est le chemin, le parcours, qui mène à la contemplation de « ce qu'il y a de plus excellent dans la réalité ». C'est pourquoi la révélation de ce qui est bon est donnée au seul *philosophe*. Celui-ci, en effet, connaissant le bien dans la forme de la contemplation d'un empire d'idées, est, en droit, selon Platon, celui en qui repose l'exercice de l'autorité et la prérogative de faire les lois.

De cela, Platon tire au moins deux conséquences ; d'abord, les *gardiens* seront chargés, après éducation adéquate (musique, mathématique, gymnastique) de la conservation des lois et de l'ordre : ils sont les gardiens des *Idées* (ou *Formes*) contemplées par les sages. Ensuite, l'*exil des poètes* sera prononcé, car l'imitation, qui est le propre de l'art du poète, ne saurait avoir droit de cité là où règnent non le factice, la représentation et l'image, mais le vrai et la contemplation plénière du Bien. Le poète — Homère ou Eschyle, par exemple — parce qu'il est praticien de « l'imitation », là où règnent l'authentique et le véridique, s'engage par son art dans la voie inacceptable de la facticité : il désacralise l'ordre en donnant une représentation non orthodoxe des dieux. « Ni de la part d'Homère, ni de la part d'un autre poète, il ne faut accepter cette erreur en ce qui regarde les dieux, l'erreur insensée qu'il a commise en disant que "deux... tonneaux sont placés là à la porte de Zeus, et remplis de sorts, qui sont heureux dans l'un et funestes dans l'autre", et que l'homme à qui Zeus aura donné un mélange qu'il aura fait des deux, "celui-là rencontre parfois le malheur et parfois le bonheur"... pas davantage encore, il ne faut permettre que la jeunesse écoute Eschyle disant que "la divinité fait naître chez les mortels le grief, lorsqu'elle veut de fond en comble ruiner leur demeure" » (**II**, 349-de, 380-a).

ARISTOTE

384 — 322 av. J.-C.

Les Politiques[1]

Animal communautaire, « vivant politique », l'homme est par nature voué à la vie sociale. Mais ce n'est pas tout : il ne s'agit pas seulement de vie — c'est là le lot des bêtes. Il s'agit de *bien* vivre. Ce qui implique une différence entre les animaux. Il s'agit d'accéder à la vie bonne, de mener la vie vertueuse. Autrement dit, Aristote pose en principe que la vie politique *est* la vie bienheureuse.

On voit que le problème politique central est celui de la « nature » (*Phusis*). C'est en réfléchissant le problème politique dans celui plus général de la *nature* qu'une solution peut être atteinte, ou, à tout le moins, approchée.

Nature

« Il est manifeste, écrit Aristote, que la cité fait partie des choses naturelles, et que l'homme est par nature un animal politique » (I, 2, 1252-b)

La célèbre proposition qui fait de la Cité (*Polis*) une réalité naturelle, c'est-à-dire qui existe par nature, doit être entendue comme constituant la politique en problème. Si une science politique est possible, elle doit poser

1. Trad. P. Pellegrin, Garnier-Flammarion, Paris, 1989.

convenablement le problème politique dans sa spécificité. Tout d'abord, si la vie politique existe par nature, cela exclut qu'elle doive être considérée comme résultant d'une convention ou mieux de l'art. La politique n'est pas de l'ordre de l'imitation, elle n'est pas une création d'art. Du point de vue de son *origine* donc, la Cité ou communauté n'est pas arbitraire, mais au contraire nécessaire. Qu'en est-il de son objet ou de sa *fin* ? Le bien est la fin de la vie politique. Mais un problème se pose, qui concerne la nature de ce bien : que les hommes cherchent en leurs actions le bien suprême, tous en sont d'accord ; la discorde survient quand il s'agit de définir *en quoi* consiste le vrai bonheur. Ce qui, politiquement, signifie : quelle est la nature du « meilleur régime » ?

Existant par nature, la Cité est première par rapport à l'une quelconque de ses parties. Le tout est antérieur à la partie. Nous savons que le but de la vie politique est le vrai bonheur : « Toute cité, dit Aristote, dès la première ligne de ses *Politiques*, toute communauté est constituée en vue d'un certain bien. » L'homme, qui n'est ni un monstre ni un dieu, vit en communauté car il ne trouve pas hors de la Cité les conditions effectives de la réalisation du bien. Si c'est par la Cité que l'individu s'atteint lui-même, il faut qu'il lui appartienne : une leçon que Hegel retiendra. Pris isolément, les hommes ne peuvent se suffire à eux-mêmes.

A en rester là, il y aurait un risque de manquer la spécificité de la vie politique. Les autres animaux que l'homme cherchent également à vivre et, pour un peu, à vivre bien. Il y a donc autre chose, qui est le propre de l'homme, autre chose sans quoi la vie politique bonne ne serait pas, autre chose sans quoi — par nature — les hommes ne seraient rien que des animaux. *Cela*, qui est décisif, c'est la parole, le langage, le discours (*Logos*) : « Il est évident, dit Aristote, que l'homme est un animal politique plus que n'importe quelle abeille et que n'importe quel animal grégaire. Car, nous le disons, la nature ne fait rien en vain ; or seul parmi les animaux l'homme a un langage... Mais le langage existe en vue de manifester l'avantageux et le nuisible, et par suite le juste et l'injuste » (**I**, 2, 1253-a).

Telle est donc la vraie raison de la chose : s'il y a un lien social « par nature », cela tient au langage. Si les hommes vivent naturellement en *politiques*, c'est qu'ils parlent ; le lien socio-politique n'existerait pas sans ce qui le tisse : la parole. De la sorte, le problème politique peut faire l'objet d'une science qui l'énonce, celle-ci, la « Politique », définit alors ce qui est juste et ce qui ne l'est pas — elle définit la vertu politique.

Servitude et autorité politique

Avant d'examiner en quoi consiste le juste, ce qui chez Aristote donne lieu à une définition du droit naturel qui s'achèvera avec Thomas d'Aquin, il convient de marquer la spécificité de l'autorité politique sur toute autre forme d'autorité.

Remarquons ceci : la vie *politique* a son principe général dans le langage ; si l'homme est un animal qui mène une vie politique, c'est parce qu'il parle, le lien politique est celui qu'introduit le langage, disions-nous. Mais si tel est l'élément fondamental, originaire, en politique (dans le langage c'est la nature qui parle) de sorte que, sans le *logos* il n'y aurait pas de vie proprement humaine, il reste qu'on doit spécifier en amont de ce principe élémentaire ce qui, dans la pratique, distingue telle forme d'autorité de telle autre.

La théorie aristotélicienne de l'esclavage a pour fonction de marquer la différence essentielle qu'il y a entre le pouvoir (autorité) du maître sur l'esclave — ou, pareillement, du père sur les enfants — et la puissance supérieure, éminente de la Cité sur l'ensemble des citoyens. Aussi, ce serait manquer l'essentiel que de s'arrêter à l'affirmation d'Aristote *qu'il y a des esclaves par nature*. Une proposition que Rousseau n'aimera guère. Il n'empêche que, pour Aristote, l'esclave est un *homme* qui a une fonction précise dans la division du travail, précisément : il *est* (par nature) celui qui travaille ; la *fonction laborieuse* est tenue par les esclaves, de même que la fonction sacerdotale est tenue par les prêtres. Nul « immoralisme » là-dedans, mais seulement, de la part d'Aristote, une claire conscience ou connaissance de la division sociale du travail en Grèce. On verra tout à l'heure toutes les vertus de *l'observation de la nature* dans la fondation d'un « droit naturel ». Pour l'instant, constatons avec Aristote (chap. 7) que ceux qui, dans l'organisation de la Cité telle qu'elle est observable, ont les moyens de se libérer sur d'autres des tâches domestiques, ceux-là ont des « domestiques », précisément, de sorte qu'eux-mêmes peuvent, comme Aristote, s'occuper de politique ou de philosophie.

Il ne s'agit donc pas ici d'un point de vue normatif, c'est-à-dire moralisant, qui viserait à justifier l'esclavage (ce que fait mine de croire Rousseau), mais d'une considération proprement politique ou mieux sociologique : la *polis* est fondée sur la division du travail (manuel et intellectuel). La notion de l'esclavage « naturel » apparaît ainsi être différentielle. A considérer l'esclave en tant que tel, c'est un homme qui travaille, et, dit Aristote, il peut y avoir de l'amitié (*Philia*) entre maître et esclave. Considérer l'esclave politiquement, c'est le comprendre comme travailleur (celui qui assure la fonction laborieuse) sans jouir de la vie (politique) bonne. Il n'est pas *libre*. Cela veut dire que l'autorité politique doit être définie pour ce qu'elle est en effet : *est politique tout ce qui concerne le gouvernement des hommes libres.*

Le gouvernement des hommes qui ne sont pas libres (esclaves) n'est pas, par définition, du domaine de la politique — mais de l'économie. Il y a en effet une différence essentielle entre l'autorité du maître sur l'esclave et l'autorité du chef politique sur l'assemblée des citoyens, c'est que le premier commande aux choses tandis que le second gouverne des hommes libres ; dans son concept spécifique, la *polis* doit donc être comprise comme communauté d'hommes libres ; de là cette affirmation d'Aristote : « Ce n'est pas seulement en vue de vivre, mais plutôt en vue d'une vie heureuse qu'on s'assemble en une cité, car autrement il existerait aussi une cité d'esclaves et une cité d'animaux, alors qu'en fait il n'en existe pas parce qu'ils ne participent ni au bonheur ni à la vie guidée par un choix réfléchi » (**III**, 9, 1280-a).

La vertu étant la fin véritable de la Cité, seuls les

hommes libres sont concernés par la politique, et l'autorité politique, parce qu'elle concerne la vertu, ne doit pas être confondue avec une quelconque autre forme de commandement.

Remarquons que, dans l'ensemble, la postérité d'Aristote n'a pas cru devoir recevoir cette leçon ; on répétait bien à sa suite que la politique concerne les hommes libres, mais c'était pour renverser le sens de la proposition : les hommes sont libres quand ils font de la politique. Pourtant il est incontestable que l'une des fonctions de l'élaboration du concept d'esclave par Aristote a pour fin principale d'établir la spécificité de l'autorité politique et de montrer que la politique concerne les hommes libres. « Il découle de tout cela, écrit Aristote, que ce n'est pas la même chose que le pouvoir du maître et le pouvoir politique, et que tous les autres pouvoirs ne sont pas identiques entre eux comme le prétendent certains » (I, 7, 1255-b).

Le « droit naturel »

La justice est une vertu éminemment politique. Elle maintient les hommes libres ensemble dans la communauté politique en rapportant à chacun ce qui lui est dû. Le *dikaion politikon* ou juste politique est le fondement de tout droit. On peut naturellement repérer dans d'autres communautés spécifiques la même règle du juste et surtout dans la famille. Mais au sens strict le droit ressortit à la régulation des relations des citoyens entre eux. C'est ainsi que, on l'a vu, il peut y avoir de la *philia* entre le maître et l'esclave : il n'y a pas de *droit*.

Le *droit naturel* que fonde Aristote est l'idée du juste tel qu'il est discernable dans l'expérience. Le droit naturel est une délibération, dans et grâce au langage, à partir de l'expérience : il ne concerne pas la définition du juste subjectivement déduite, idéale (Platon) ou *a priori*. Au contraire, le droit naturel détermine par l'observation *ce qui est par nature*, il exprime non pas une loi coercitive, mais *le statut de ce qui est juste* (droit). Cette idée du droit naturel, qui est un *juste politique* par nature, en soi non normatif puisque ne concluant pas ce qui doit être à partir de l'observation de ce qui est, conduit Aristote à recommander l'obéissance à la *loi* du législateur, loi promulguée et écrite dans le prolongement du droit naturel et dont l'*utilité finale* n'est pas douteuse. En effet, elle rend effective la vie de la Cité qui doit, à un moment ou à un autre, trancher les différends qui opposent les citoyens. La fin principale, qui est de bien vivre, est donc toujours présente.

Des lois bien faites sont donc des lois qui reposent sur l'observation et l'étude de la « nature » et qui s'adaptent aux réalités historiques. On voit que le *droit* ne réalise et ne repose sur aucun idéal : Platon avait *moralisé* la vie politique, Aristote distingue le droit naturel du devoir.

CICÉRON

106-43 av. J.-C.

De la République - Des Lois[1]

54-51

« Le seul droit, en effet, est celui qui sert de lien à la société, et une seule loi l'institue : cette loi qui établit la droite raison des obligations et des interdictions. Qu'elle soit écrite ou non, celui qui l'ignore est injuste... Ainsi, plus de justice s'il n'y a pas une nature ouvrière de justice ; si c'est sur l'utilité qu'on la fonde, une autre utilité la renverse. Si donc le droit ne repose pas sur la nature, toutes les vertus disparaissent ». (*Lois*, **I**, 15).

La nature humaine

C'est une anthropologie naturaliste qui est à la base de l'édifice cicéronien du droit et de la politique. C'est sur une *idée de l'homme*, philosophiquement construite, qu'une morale politique est concevable. Aristote fondait le droit sur l'observation des fins naturelles, ce qui revenait à distinguer, sur le plan des sources, le droit de la morale ; Cicéron ne part pas de la nature en tant que telle, mais de la *nature de l'homme en général*. Le problème du « meilleur

1. Trad. C. Appuhn, Garnier-Flammarion, Paris, 1965.

régime », problème éminemment platonicien dans son principe, et, corrélativement, celui de l'essence de la loi, viennent en déduction de cette nature humaine. C'est pourquoi il y a une *philosophie* politique cicéronienne, inséparable d'une *philosophie* du droit : c'est en effet la philosophie qui peut élaborer l'idée de l'homme. « L'humanité » est un concept stoïcien. De cette idée de l'homme, c'est-à-dire de sa centralité et de son éminence, Cicéron déduit un humanisme politique et juridique entièrement dépendant de la notion de *raison*.

Demander ce qu'est la raison, c'est poser la question : Qu'est-ce que la nature ? C'est le fondement rationnel de la sociabilité. Il faut dire que, pour Cicéron, la nature a fait l'homme, de sorte que le problème politique est déplacé du plan de la nature à celui de la nature *humaine*. Certes, c'est la nature qui pousse les hommes à former une « société naturelle », mais, précisément, c'est ce qu'il y a de *proprement humain dans la nature* qui structure la position juste du problème politique. En subordonnant la nature en général à la nature de l'homme, Cicéron retrouvera l'inspiration morale de Platon, mais surtout, il fonde ainsi l'idée d'une *loi naturelle* qui parle à la raison sur laquelle il édifie une politique : « Il existe, dit Cicéron, une loi vraie, c'est la droite raison, conforme à la nature, répandue dans tous les êtres... Qui n'obéit pas à cette loi s'ignore lui-même et, parce qu'il aura méconnu la nature humaine, il subira par cela même le plus grand châtiment » (*Rép.*, **III**, 22).

Que faut-il entendre par « nature humaine » ? Il faut entendre une composition d'instinct et de raison, de corps et d'âme. Par l'instinct l'homme fait partie de l'ensemble des animaux, mais il s'en distingue par la raison et le langage. Quand donc Cicéron déclare que la nature incline les hommes à vivre assemblés dans la Cité, cela signifie que le lien social n'existe pas par nature (dans le sens où l'entendait Aristote), mais qu'il est le propre de la « nature humaine ».

D'une part en effet, le langage tisse les relations de l'homme à l'homme et, d'autre part, les instincts, qui concernent le *corps*, assurent la conservation du rapport social : instinct de défense et de vie, instinct sexuel poussent respectivement les hommes au travail et à se grouper en familles. C'est donc l'âme, principe divin, qui domine en l'homme ou plutôt qui *doit* dominer ; comme Platon dans le *Phèdre*, Cicéron déclare que l'âme est en prison dans le corps (*Rép.*, **VI**, 15). Ainsi, l'homme qui, de part sa nature et non plus simplement « par nature », incline à vivre en société, est-il un être éminemment moral : « Ce n'est pas toi qui es mortel, écrit Cicéron, mais ton corps. ... Sache donc que tu es un être divin » (*Rép.*, **III**, 23). Ce qu'il y a de « divin » en l'homme est l'âme.

On se demandait qu'est-ce que la raison ? La *raison* dans l'homme, c'est cela même qui discerne ce qui vaut le mieux dans l'homme et qui est l'âme. Une anthropologie rationnelle (autrement dit philosophique), ne fait qu'énoncer ce principe sur lequel pourra se constituer une théorie de la loi.

Loi et raison

Cette anthropologie comporte des devoirs : la vie sociale suppose, en effet, des obligations et des sanctions auxquelles nul ne peut se dérober. Être membre d'une *res-publica*, c'est se soumettre aux règles ; le *devoir de justice* consiste à se soumettre à ce qui est, aux lois existantes. La société est par elle-même une loi, si l'on peut dire : c'est pourquoi la question de l'origine de la Cité et de la loi est si importante ; ici comme ailleurs, l'origine est trouvée dans la nature — c'est-à-dire dans la raison. *La loi naturelle est une loi de raison.* Il y a une coïncidence de l'origine et de la définition, si bien que le devoir d'obéissance, de respect de la parole donnée, des contrats, des propriétés, pour être un devoir moral est néanmoins prescrit par la raison. Puisque l'homme *est* raison, toute prescription de la raison *doit* emporter son adhésion. La loi est cette prescription.

Il s'ensuit deux définitions. Le première concerne la *Res-publica*. « La chose publique... est la chose du peuple ; et par peuple il faut entendre ... un groupe nombreux d'hommes associés les uns aux autres par leur adhésion à une même loi ». (*Rép.*, **I**, 25). On retrouve ici l'anthropologie fondamentale de Cicéron qui construit l'idée du genre humain, l'idée d'humanité, à partir de quoi la société est pensable. En ce sens, la *loi naturelle* n'est rien que la loi humaine, assurément sanctionnée par les dieux, mais surtout par ce qu'il y a de *raison* en eux et que l'homme, précisément, recueille. La justification du devoir de justice par l'obéissance à la loi (naturelle) raisonnable, Cicéron la trouve dans la « droite raison de Jupiter souverain », comme il dit. Mais c'est seulement pour manifester la toute puissance de la loi dans le « genre humain », lieu véritable de sa promulgation.

N'étant ni un décret de l'esprit humain, ni un édit émanent du peuple, la loi ne peut pas être dite « positive », en ce sens elle est bien une loi « naturelle ». Mais, et c'est là le point décisif, cette loi naturelle est originairement un effet de l'esprit divin, lequel ne « saurait être sans la raison ». Ainsi, la loi acquiert-elle de la *force* ; elle emporte avec elle l'obligation de s'y soumettre : ne parle-t-elle pas de la *raison* de l'homme ? Qu'est-ce donc que cette *loi* ? C'est la grammaire du gouvernement du monde, c'est la forme rationnelle des conduites sociales, c'est, très « positivement » cette fois, l'ensemble des *règles qui prescrivent et interdisent*. Le *juste* est donc un effet de la loi.

D'où la définition de la loi, esprit divin promulguant obligations et sanctions : « Parce que telle est son origine, déclare Cicéron, la loi que les dieux ont donnée au genre humain est justement célébrée, car elle se confond avec la raison ou l'esprit du sage » (*Lois*, **II**, 4). En dernière analyse, la loi est donc un *énoncé,* un discours, elle est dite par le « sage », le philosophe, *l'orateur*. Observons au passage que l'on est en présence ici de ce que Rousseau nommera plus tard le « Législateur ».

Le stoïcisme politique

De la sorte, la boucle est bouclée : le juste gouvernement doit revenir au philosophe ou plutôt, c'est lui qui doit énoncer la loi. Parti d'une anthropologie philosophique qui construit l'idée d'un « genre humain » dans lequel la nature vient se loger, Cicéron est conduit à faire la part très belle au *sage*. C'est Cicéron qui révèle le sens du rêve platonicien. Avec le Romain, la moralisation de la vie politique telle que la concevait Platon, passe du plan spéculatif à celui des conditions de sa réalisation historique. L'idée du juste redescend au niveau des règles de la casuistique commerciale. Car la justice ne ressortit plus, comme chez le Grec, à une République « *en paroles* », elle est le statut d'une Cité réelle, historique, où il convient, selon le Romain, de maintenir la répartition sociale des propriétés dans l'état où elle se trouve : conserver est un but ultime. « Qui veut obéir à la raison... ne se laissera jamais aller à désirer le bien d'autrui », déclare le *Traité des Devoirs*.

L'idée de *nature*, avec Cicéron et après Aristote, mais il faudrait regarder aussi du côté des « sophistes » qui décident de son sort, fait son entrée dans la pensée politique. La « nature », indéfinie mais chargée de sens, est toujours mobilisée. C'est en référence à une « nature » toujours invoquée que la politique devient pensable : Anciens et Modernes s'y réfèrent et la redéfinissent.

La postérité de Cicéron est ici un grand exemple : la tentative de fondation du droit politique moderne chez Grotius doit beaucoup à l'auteur des *Lois*. Le contractualisme moderne, juridique et politique, trouve dans l'idée cicéronienne de « nature humaine » sa source : le bourgeois échangiste s'efforcera de montrer que la nature humaine, c'est *lui*.

II

LES CHRÉTIENS

PAUL
5/15 - 67

Quatorze *Épîtres*[1]

« Il n'est de pouvoir que de Dieu et ceux qui existent sont institués par Dieu ». La célèbre formule que Paul adressait aux Romains est l'énoncé du *principe* de toute politique chrétienne.

Le contenu spécifiquement politique (touchant l'autorité) des quatorze *Epîtres* est, en somme, un commentaire de ce principe. La conception paulinienne de la *Justice* en dépend, mais la justice n'étant pleinement *chrétienne* que dans l'Église du Christ, la soumission à l'autorité qu'elle suppose toujours prépare l'avènement de la Cité céleste.

Foi et loi

L'homme ayant été, de sa propre volonté, corrompu par le péché, il ne saurait espérer que le rachat. Le fondement de la justice réside, pour Paul, premièrement dans le refus de la « chair » et, deuxièmement, dans une certaine appréhension nuancée du rapport de la *foi* chrétienne à l'ancienne loi mosaïque.

Soit la question — cruciale — de la *chair,* qui est celle de la distinction fondamentale entre la « chair » et le

1. *Le Nouveau Testament*, éd. et trad. Osty, Siloé, Paris, 1974.

« corps ». Parce que le péché est la négation de la justice, le chrétien doit s'affranchir de la chair. Les quatorze *Epîtres* sont un réquisitoire permanent contre « l'œuvre de chair ». La chair étant le lieu de la concupiscence et de la souillure, elle est politiquement le désordre : « Or, les œuvres de chair sont manifestes ; ce sont fornication, impureté, débauche, sorcellerie, idolâtrie, haines, querelle, jalousie, fureurs, disputes, dissensions, scissions, envie, ripailles et choses semblables » (*Gal.*, **V**, 18-25). La chair est source de désordre, l'esprit étant, lui, principe d'ordre et source de justice ; être dans la chair, c'est déplaire à Dieu, s'opposer à lui.

Mais, si la chair est désordre, le *corps*, lui, est déjà esprit. La *distinction théologique* entre le corps et la chair fonde, chez Paul, la possibilité d'une politique *chrétienne* : elle porte en elle la « justice chrétienne », c'est-à-dire la « loi nouvelle ». Le corps est *déjà spirituel* : « Glorifiez donc Dieu dans votre corps » (1re Cor., **VI**, 15-17, 19-20).

Le rapport de la foi nouvelle à l'ancienne loi de Moïse est désormais élucidable. La justice paulinienne est tout entière inspirée de l'*esprit* : c'est la justice dans le Christ, c'est-à-dire dans la *foi* au Christ. A la justice selon la « Loi » (Moïse), Paul oppose la justice selon le Christ, mais, pour autant, le chrétien n'est pas dispensé de se soumettre à la loi. Alors que la justice selon la loi a le mérite d'exister, la justice chrétienne que Paul veut instituer a le mérite, à ses yeux infiniment supérieur, d'être *vraie*. La justice selon la foi est la justice selon la vérité, une vérité qui est celle-là même du vrai dieu révélé. Toutefois, de l'existence de l'une à la véracité révélée de l'autre, Paul ne conclut pas à l'abandon de la première, à laquelle il confère une valeur heuristique. A ce titre, si elles ne sont pas opposées sous le rapport de l'obéissance et de la soumission qu'elles inspirent, foi et loi, en revanche, sont radicalement opposées quant à *ce qui* les constitue : le Christ (son enseignement : mort et résurrection) est la source de la « loi nouvelle » ; la foi *dans le Christ* est seule pertinente sous le rapport de la *vraie* justice. La loi mosaïque est la prénotion de la foi en le Christ.

C'est sur cette vérité révélée que Paul fait reposer *l'universalité* de la justice dans la foi : « Car nous estimons que l'homme est justifié dans la foi sans les œuvres de la Loi. Ou bien Dieu ne serait-il Dieu que des Juifs ? Ne l'est-il pas des nations puisqu'il n'y a qu'un seul Dieu ? » (*Rom.*, **III**, 28-30).

Quel est, dès lors, le fondement de l'universalité de la loi ? C'est la *grâce*. La foi est le moyen du salut, et par la grâce la foi est supérieure à la loi. Bien que distinguée de la loi *par la grâce*, la justice chrétienne ne la disqualifie donc pas totalement : pour être heuristique, la loi est aussi pédagogique ; et d'ailleurs Paul n'exclut pas non plus l'existence d'une « loi naturelle » : « Lors donc que ceux des nations qui n'ont pas la Loi pratiquent naturellement ce qu'ordonne la Loi, ceux-là, sans avoir la Loi, se tiennent lieu de Loi à eux-mêmes » (*Rom.*, **II**, 14). « De sorte que la loi est devenue notre pédagogue jusqu'au Christ pour que nous fussions justifiés par la foi » (*Gal.*, **III**, 24). On ne saurait mieux affirmer combien le judaïsme n'est, dans l'esprit de Paul, que la préfiguration du christianisme.

Le corps du Christ

La communauté des chrétiens forme ce que Paul appelle « le corps mystique du Christ » ; l'Église est « corps du Christ ».

Théologie et politique sont inséparables : la métaphore du *corps politique* qu'on trouvera dans toute la pensée politique occidentale, qu'elle se réclame ou non explicitement du christianisme, a sa source principale dans la théologie politique paulinienne. C'est dans *Le Défenseur de la paix* (1324) de Marsile de Padoue que s'opérera la laïcisation de cette métaphore. Quoi qu'il en soit, nous tenons ici une élément essentiel au devenir de la pensée politique : la communauté formée des hommes est un « corps ».

L'*organicisme* de la pensée de Paul en ce lieu de la doctrine est au service d'une idée générale de la soumission à l'ordre, soumission qui est réfléchie sur le mode de l'*appartenance* à une communauté ; « Mais la réalité appartient au Christ, écrit Paul. Que personne n'aille vous en frustrer, en se complaisant dans “l’humilité” et le “culte des anges”, plongé dans ce qu’il a vu, gonflé d’un vain orgueil par sa pensée charnelle, et ne s’attachant pas à la tête dont le corps tout entier, bien uni par les ligaments et jointures dont il est pourvu, opère la croissance voulue de Dieu » (*Col.*, **II**, 17-19). A cette notion d’*appartenance organique* et d’*agencement fonctionnel* qui garantit l’autorité du maître sur l’esclave, et le salut de ce dernier, Paul ajoute une *signification existentielle* à l’empire de la loi nouvelle : l’incorporation au Christ (par le baptême) et l’intégration à l’Église (assemblée des chrétiens). C’est donner un *corps institutionnel* à la justice dans la foi, à la justice universelle, commune au peuple entier des chrétiens : « Il n’y a plus de Grec ou de Juif, de Circoncis ou d’Incirconcis, de Barbare, de Scythe, d’esclave, d’homme libre, mais Christ qui est tout et en tout » (*Col.*, **II**, 11).

Conséquence ultime : l’*obéissance au chef* : « Soyez soumis les uns aux autres dans la crainte du Christ, recommande Paul. Que les femmes le soient à leur mari comme au Seigneur ; car le mari est le chef de la femme tout comme le Christ est le chef de l’Eglise, lui, le sauveur du corps. Mais comme l’Église est soumise au Christ, aussi les femmes doivent l’être à leur mari » (*Eph.*, **V**, 21-21).

Une théorie de l’obéissance

La soumission à la Cité et, en général, à l’*autorité du maître* est non seulement demandée au chrétien, mais elle est requise absolument. *Le devoir d’obéissance ne souffre aucune exception dans son application.* Le principe de soumission est une affaire de « conscience » : désobéir au maître c’est se soustraire à Dieu. Ici se tient la célèbre affirmation paulinienne, fondatrice de toute politique chrétienne : toute puissance vient de Dieu. « Que toute personne soit soumise aux pouvoirs établis ; car il n’est de pouvoir que de Dieu et ceux qui existent sont institués par Dieu. Ainsi, celui qui s’oppose au pouvoir résiste à l’ordre voulu par Dieu » (*Rom.*, **XIII**, 1-3, 5-6).

Si l’obéissance est absolue, c’est que « l’œuvre de chair »

(« fornication », « impureté », « cupidité », « idolâtrie ») est par elle-même *désordre et résistance*. Elle est la désobéissance en soi.

Paul n'a pas construit la Cité céleste : il entendait que l'obéissance à l'autorité du maître fût sans appel. Il s'agit *toujours* d'obéir à la loi ou bien à la justice de la foi dans l'Eglise. C'est Augustin qui construira de façon circonstanciée la *Cité céleste* : de son duel avec la *Cité païenne*, elle sortira triomphante. Le Docteur africain s'est alimenté largement aux *Epîtres* pauliniennes. On trouve en effet dans celles-ci le thème des deux cités, mais Paul s'en tient à leur coexistence pacifique : « Pour nous, écrit-il, notre Cité se trouve dans les cieux d'où nous attendons comme Sauveur le Seigneur Jésus-Christ » (*Phil.*, **III**, 20).

AUGUSTIN

354-430

La Cité de Dieu [1]

413-427

La *Cité de Dieu* n'est pas un traité de politique. Si le prétexte à l'œuvre est l'invasion et la mise à sac de la ville éternelle par les barbares en 410, son inspiration dépasse le cadre de l'événement historique. Le thème des deux cités, ou plutôt, de la supériorité de la cité céleste sur la cité terrestre est le point d'appui d'un immense discours sur l'histoire universelle dont le dieu révélé est à la fois le principe, l'agent et l'ordonnateur.

Le contenu proprement *politique* de l'œuvre est discernable uniquement à partir de ce qui l'inspire : Dieu. C'est dire que la théologie politique d'Augustin n'est pas une fin en soi. La doctrine de l'autorité qu'elle développe est toujours suspendue à la foi, c'est pourquoi l'obéissance sans faille aux lois de la cité profane est *déjà* par elle-même la soumission à la loi du Christ.

1. Trad. G. Combès, Introduction et notes de G. Bardy (5 vol.), Desclée de Brouwer, Paris, 1959.

Soumission à la cité terrestre

« Il existe deux cités différentes et contraires, écrit Augustin, car les uns vivent selon la chair, les autres selon l'esprit, ou encore les uns vivent selon l'homme les autres selon Dieu » (**XIV**, 4). Si Augustin recommande l'obéissance absolue aux lois de la cité terrestre, c'est que celle-ci, dans son imperfection même, est comprise dans les desseins de Dieu. Les lois humaines ne sont que le tremplin de la soumission aux lois de la justice chrétienne. L'opposition des deux règnes n'est pas pensée par Augustin sur le mode d'une dichotomie manichéenne. Il n'y a pas, à proprement parler, deux mondes opposés quant à leurs fins : Dieu a créé un seul monde. Dieu, qui est « Providence toute-puissante », donne à chacun ce qui lui convient. Si donc les deux cités sont cependant déclarées « contraires », c'est sous le rapport du *péché* qu'Augustin évalue leur différence : on ne peut sans pécher désirer ce que défend la loi de Dieu. La distinction des deux cités est d'abord une distinction théologique et, de là, est dérivée la doctrine proprement politique de l'obéissance.

C'est, en quelque sorte, par définition même que l'imperfection de la cité terrestre est démontrée : elle procède de la nature corrompue par le péché. La doctrine du *péché* est la pierre angulaire des déductions de la *Cité de Dieu*. Se soumettre à la cité profane, c'est déjà se donner les moyens de son salut, et ne pas obéir serait, en somme, persévérer dans le mal et, de la sorte, affronter Dieu une seconde foi en se dérobant à ses lois.

L'idée selon laquelle Dieu étant le créateur excellent des natures bonnes est du même coup le régulateur très juste des volontés mauvaises, devait donner lieu à une *représentation du monde* dont le principe peut être ainsi formulé : les hommes agissent librement selon les fins de la Providence. L'idée d'un devenir destinal, c'est-à-dire d'une *histoire* dont les fins divines dépassent considérablement les agents humains qui la font, est l'axe fondamental de la pensée d'Augustin. Avec lui, et pour plusieurs siècles, *la politique est liée à l'histoire et au temps.* Tel est le sens de la distinction des deux cités : la soumission au *temps* est déjà l'entrée dans l'éternité, elle en est, en tout cas, la condition et la promesse. Si, pour Augustin, comme pour Paul, *tout pouvoir vient de Dieu*, ce n'est pas seulement que toute couronne en procède, c'est que Dieu, auteur de toute chose, a toute chose en sa puissance. Pour l'auteur de *La Cité de Dieu*, le principe politique est médiation du principe divin : la cité est, pour ainsi dire, le geste de Dieu que l'histoire enregistre. De sorte que dans le temps, c'est l'éternité qui s'instrumente : « A la différence de la nôtre, en effet, écrit Augustin, la connaissance que Dieu a des trois temps, présent, passé, avenir, n'est pas soumise au changement, car en lui il n'y a ni vicissitudes, ni changement ni ombre. Son attention ne passe pas d'une pensée à l'autre, mais à son regard incorporel, tout ce qu'il voit est présent à la fois, car il connaît le temps sans aucune représentation temporelle, comme il meut ce qui est soumis au temps sans subir aucun mouvement temporel » (**XI**, 21).

La justice de Dieu

Ce serait manquer l'essentiel de la pensée politique d'Augustin que de voir dans la distinction qu'il établit entre *temps* et *éternité* une simple distinction théologique ou métaphysique, privée de conséquence politique. En fait, c'est par cette distinction fondamentale que, dans *La Cité de Dieu*, la théologie se métamorphose en politique et la métaphysique en justification de l'autorité et de la soumission. Plus qu'une théologie politique, c'est une politique du point de vue de Dieu que développe Augustin.

Qu'est-ce que le *temps* ? C'est pour lui le fragmentaire et le partiel, c'est le mode de l'existence selon le péché. La *soumission au temps*, pour l'homme et son entendement, dont le signe évident est la distinction du passé, du présent et de l'avenir, est la marque de la dépendance de la créature vis-à-vis de son créateur. En lui (Dieu), les trois figures du temps ne sont pas distinctes, elles coïncident. Les desseins de la Providence *sont* cette coïncidence elle même. Obéir, dès lors, n'est pas une affaire relevant de la volonté des sujets, c'est une condition découlant du statut de créature, dérivant du statut de pécheur. *Si les hommes obéissent, c'est qu'ils n'ont pas en eux-mêmes le principe de leur existence.* Cette proposition est capitale ; elle est pour ainsi dire le complément nécessaire de l'affirmation paulinienne selon laquelle tout pouvoir est fondé en Dieu.

Chez Augustin, *penser* la politique, c'est politiser une ontologie créationniste ; promouvoir la justice chrétienne, c'est la ramener à l'avènement terrestre de la paix de Dieu : « Mais en cette paix finale, écrit-il, vers laquelle doit tendre la justice d'ici-bas, nécessaire d'ailleurs pour l'acquérir, notre nature, guérie par l'immortalité et l'incorruptibilité, n'aura plus aucun vice et nul n'éprouvera plus de résistance, ni en soi ni de la part des autres » (**XIX**, 27). Dans la perspective historique des fins célestes que trace *La Cité de Dieu*, ce que montre Augustin, c'est que le temps est principe de l'obéissance et l'État, le bras séculier de la Justice de Dieu.

THOMAS D'AQUIN

1225 - 1274

Du Royaume[1]

De Regno ou *De Regimine principum*

vers 1266

« La raison de l'institution d'un royaume doit être tirée de l'exemple de l'institution du monde ». Ainsi parle Thomas d'Aquin qui fait reposer la solution qu'il donne au problème politique sur la référence à l'ordre du monde créé. C'est-à-dire à la nature. Par rapport à Aristote qu'il interprète, son originalité *théorique* est peu épaisse : il s'agit de transcrire Aristote du point de vue d'une théologie créationniste, il s'agit de donner un corps de doctrine aristotélicien au dogme de la création. Sans nouveauté philosophique, l'apport *doctrinal* du thomisme n'en est pas moins décisif : le naturalisme d'Aristote trouve avec lui une confirmation dans l'Écriture, ce qui fonde la nouvelle orthodoxie de l'Église. Et c'est *contre* l'idée thomiste de la cité que se développera avec Marsile de Padoue l'idée, annonciatrice de la modernité, de société civile.

1. Trad. frère Marie Martin-Cottier, Egloff, Paris, 1946.

L'ordination au bien

Thomas adopte en politique, aussi bien d'ailleurs qu'en théologie, le « point de vue de la fin ». Politiquement, pour lui comme pour Aristote, le problème est celui du meilleur régime, or, discerner le meilleur c'est connaître ce qui convient le mieux. S'agit-il, pour une communauté d'hommes, d'être gouvernée par un seul ou par plusieurs ? Telle est la question du *gouvernement*. On voit déjà que Thomas, en formulant ainsi le problème politique ne cherche pas à le renouveler dans son concept même ; il s'agira plutôt de saisir comment la problématique d'Aristote, problématique des fins, peut donner lieu à un gouvernement *chrétien* des hommes.

Penser la politique, c'est problématiser la *fin*. Comme toujours la référence à la fin exprime le retour à une *origine* en laquelle repose la légitimité du pouvoir. Réfléchir la fin, c'est placer le principe du pouvoir *ailleurs* qu'en lui-même, autrement dit c'est faire dépendre son exercice d'une puissance ou d'une source extérieure de sorte que le pouvoir ne saurait être défini par la souveraineté : une souveraineté relative n'en est pas une. Problématiser la *fin* de la politique c'est, pour Thomas, rapporter le pouvoir à une puissance supérieure en tant qu'elle est normative. Penser la fin de la Cité, c'est la soumettre à ce qui est bon par nature, c'est-à-dire la *dériver d'une origine normative*.

Il importe donc de connaître la « nécessité naturelle » qui est, comme le pensait Aristote, que l'homme est, par nature, un être social et politique ; le mode d'existence de l'homme est de vivre en multitude. Si l'homme est par nature un animal politique, il est de sa nature que la lumière innée de la raison l'oriente et le guide activement vers sa fin propre. La « lumière de la raison » est assimilée à la *loi naturelle* que Paul, déjà, s'adressant aux Romains, supposait devoir gouverner les hommes en l'absence de la révélation. Mais, précisément, Thomas, prenant en charge la révélation qui se dit d'elle-même dans l'Écriture, rapporte la vie politique à l'existence de la nature, celle-ci étant, désormais, lisible dans la révélation. De la sorte, la boucle est bouclée et la dépendance du pouvoir vis-à-vis d'un principe *extérieur* à son exercice temporel, extérieur et transcendant, est démontrée. Si l'origine est dans la nature, c'est que la *fin* est dans le ciel. La vie bonne que les hommes visent à organiser ici-bas, sur terre, est orientée à la vie bienheureuse dans le ciel.

L'*ordination au bien*, par où la vie terrestre est ordonnée aux béatitudes célestes, est le résultat de cette manière d'envisager la « connaissance des choses » du « point de vue de la fin ». Cette disposition téléologique de l'ordre commun de la nature est l'indice des dispositions bienfaisantes de la création : en chaque chose « la nature opère le meilleur ».

Ce point acquis, la déduction du principe politique s'effectue d'elle-même : connaître la raison d'être (la *fin*) du royaume, c'est le bien instituer et le bien conserver. Connaître les choses selon leur fin propre, c'est les déterminer au meilleur. Il en va donc de la Cité comme de toute autre chose créée. La fin qui renvoyait à une origine renvoie par cela même à une *création* dont le modèle révélé est la création du monde par Dieu. Du « monde » créé à la création de la *cité* des hommes, la conséquence est logique. Et, de même que Dieu crée le « monde » selon un plan hiérarchisé des choses et des êtres qui le composent, et l'ordonne à son créateur, de même la *cité* doit être ordonnée à la cause qui l'institue dans son principe et la hiérarchise dans son institution.

La pensée antique se référait à une « nature » (*Phusis*) qu'elle plaçait comme principe organisateur de la *polis* et de la justice, cette nature était un *cosmos,* un ordre toujours déjà là, certes finalisé, mais toujours *increé.* La pensée thomiste, elle, se réfère également à une nature finalisée, « ordonnée au bien », mais elle y introduit la *création*, un devenir sacré (l'histoire du salut qu'Augustin comprenait déjà si bien). Faisant de la nature une *créature,* Thomas, le théologien de la politique, fait du *cosmos* un *mundus* : création et modèle que les hommes doivent imiter.

La *doctrine* politique contenue dans cette construction est en ceci que la liberté des hommes est possible dans le cadre politique de la cité chrétienne qui est celui de leur soumission au dieu créateur.

Le meilleur régime

Condamnés à imiter Dieu, les hommes peuvent quand même être déclarés libres : il leur suffit de se donner un *roi*.

Le modèle de la royauté est, selon Thomas, le « meilleur » au regard de la structure même de la nature et de son ordre : « Le meilleur, dit-il, est de tirer le modèle de l'office de roi de la forme du gouvernement naturel » (p. 105). Alors que la déduction du principe politique de la cité s'effectuait d'elle-même à partir du modèle de la création du monde, la déduction du principe *monarchique* s'effectue à partir de ce qui est par nature et de ce qui ne l'est pas, mais qui, cependant, en dépend : l'art. Le gouvernement des hommes est strictement conforme à ce que Thomas appelle le « gouvernement commun de la nature ». Que voit-on dans la nature ? On y observe l'art de Dieu, sa création : le monde y est gouverné par un seul dieu, les abeilles n'ont qu'une seule reine, les hommes n'ont, ou plutôt, ne doivent avoir qu'un seul roi qui les gouverne. L'art politique est le résultat d'une imitation de l'art que dieu a mis dans la création de la nature : dès lors, « il est nécessaire, conclut Thomas d'Aquin, que, pour la multitude humaine, le meilleur soit d'être gouverné par un seul » (p. 38).

La distinction de l'art et de la nature qui fonde un artificialisme politique *proprement chrétien* - dans le sens où l'art de gouverner la multitude doit imiter l'art que met un dieu unique à ordonner le monde à sa fin — a son économie dans une dialectique *logico-morale* ou *logico-politique* de l'*un* et du *multiple*. Non seulement, en effet, la « vie bonne » est la vie selon la nature, mais la vie politique juste est la vie selon l'*un*. La fin, pour être un principe éthique, est aussi, on le voit, un principe logique. « Dans les choses, écrit Thomas, le bien provient d'une seule cause parfaite, en ce sens que sont réunis tous les éléments qui concourent au bien, tandis que le mal provient de chaque défaut singulier pris un à un » (p. 44).

La définition de la *justice* est alors repliée du côté de son fondement naturel : la « bonne conduite » réside dans la *convenance*, convenance et conformité à une fin. C'est ainsi qu'un être quelconque, s'il est conduit à agir en vue d'une fin qui ne lui convient pas, qui n'est pas la sienne *propre*, un tel être agira en dehors du droit, ou pire, contre le droit, contre la justice. Pareillement, la cité juste est la cité orientée vers sa fin propre par une seule cause qui la guide, cause unique qui est le roi, car *un seul* est à même de discerner le bien, et d'orienter la cité vers le meilleur.

Dieu et le roi

Tout naturellement, la « récompense » du bon roi, c'est Dieu qui la lui donne ; puisque la fin du royaume est « dans le ciel » il résulte de là que le roi n'est dépendant que de Dieu ou de son représentant. L'indépendance du prince vis-à-vis de ses sujets ne fonde pas pour autant sa *souveraineté* : elle fonde seulement l'*obéissance* au prince.

Deux conséquences découlent de cette conception. La première est relative à l'importante question de la *résistance au tyran*. En cas de dégénerescence de la monarchie princière en tyrannie, les sujets ne sont pas autorisés à le déposer. Ce serait, selon Thomas d'Aquin, confondre l'inférieur et le supérieur, confusion qui signale le mépris de la hiérarchie créationniste. En effet, puisque, en vertu de l'ordre nécessaire du monde, il revient à un « supérieur » de donner un roi à la « multitude », alors seul un supérieur peut trouver un remède contre un roi devenu tyrannique. Il n'y a donc pas de *droit de résistance* possible ou simplement concevable puisqu'il n'y a pas d'autonomie des « sujets » ; la « multitude humaine » est tenue à l'obéissance au prince et à la dépendance du côté de l'Eglise : celle-ci permet la désobéissance dans le cas, par exemple, d'un prince schismatique. La multitude est un peuple chrétien. De ce point de vue, la signification globale de *Du Royaume* est celle-ci : alors que dans le *cosmos* grec la fonction sacrée était sujette aux lois de la *polis*, dans le *mundus* chrétien c'est la cité qui est soumise au sacerdoce.

La seconde conséquence est relative à la *nature de la loi*. *Du Royaume* est pratiquement muet s'agissant de la loi, il faut recourir au traité *Des Lois* (Cf. *Somme Théologique*, **I-a II-ae**, qu. 90-108). Ce traité signifie que la loi est à la fois issue de la raison *et* de la volonté : *raison* d'abord puisque l'intelligence humaine qui connaît les fins les connaît par la raison ; *volonté d'un sujet* ensuite, car la loi émane du prince qui en assure la promulgation actuelle (bien que l'*essence* ou nature de la loi ne soit pas d'être promulguée).

L'*actualisation volontaire* de la loi par le prince permet qu'elle s'étende, dit Thomas, « jusque dans l'avenir grâce à la fixité de l'écrit » (qu. 90, art. 4). La loi *dite et écrite* par le prince n'est que l'expression et la traduction de la nature, sa source. « La loi, écrit encore Thomas d'Aquin, se trouve en un sujet non seulement comme dans le *sujet qui règle*, mais aussi, par participation, comme dans le *sujet qui est réglé*. Et de cette façon, chacun est à lui-même sa loi, pour autant qu'il participe de quelqu'un qui le règle ». (*Des Lois*, qu. 90, art. 3). Une telle « participation », participation à l'Un, fonde la *servitude chrétienne*.

III

LES PRÉMODERNES

MARSILE DE PADOUE

1275 ? — 1343 ?

Le Défenseur de la paix[1]

1324

Si on ne peut pas tenir Marsile de Padoue pour un théoricien « précurseur » de l'État moderne, c'est qu'il n'a pas formulé la conception de l'État comme souveraineté. En fait, Marsile a rendu possible une telle conception : il n'en est pas l'auteur. L'autonomie de la puissance d'État qu'il proclame et qui est l'objet du *Défenseur de la paix* ne doit pas être confondue avec la souveraineté de l'État moderne ou du « prince ». Il n'est pas douteux que l'autonomie est la condition de toute souveraineté, mais, en retour, la souveraineté ne s'y réduit pas. Cependant la *coupure* introduite par le *Défenseur de la paix* dans la transformation des doctrines politiques est de taille : l'ouvrage trace le contour et les limites d'un espace de pensée sur lequel s'édifieront, le moment venu, les conceptions de la modernité en politique. Théoriciens de la souveraineté et réformateurs du XVIe siècle évolueront, consciemment ou non, sur un territoire nouveau dont la configuration a été pour la première fois découverte par le penseur padouan du XIVe siècle.

Monisme étatique et *autonomie de la société civile et*

1. Trad. J. Quillet, Paris, Vrin, 1968.

politique sont les deux coordonnées de ce territoire : là-dessus s'édifiera la doctrine de la souveraineté.

La découverte de Marsile est essentiellement suspendue à un combat politique pratique et théorique contre la théocratie et, ce qui est la même chose, contre l'Église de Rome, autrement dit la puissance du pape. Détruire la doctrine de la *plénitude de puissance* est un objectif politique : *Le Défenseur de la paix* est l'attaque la plus destructrice jamais lancée contre le pouvoir pontifical. Grégoire VII avait, le premier, mis en articles la doctrine de la *plenitudo potestatis* : art. IX — Le pape est le seul homme dont les princes baisent les pieds ; art. XII — Il lui est permis de déposer les empereurs ; art. XVIII — Sa sentence ne doit être réformée par personne et seul il peut réformer la sentence de tous ; art. XIX — Il ne doit être jugé par personne.

Détruisant la doctrine en question — pouvoir éminent du pape au spirituel comme au temporel — Marsile transfère le pouvoir spirituel à la seule légitimité du Concile qu'il définit comme l'ensemble des fidèles, prêtres *et* laïques. La suréminence de l'évêque de Rome étant ainsi radicalement niée dans l'Église, il est clair que, au regard de la société civile, son pouvoir est nul *a fortiori*.

D'où cette conclusion politique radicale : le pape, maintenant soumis au Concile, le sera du même coup à l'autorité du prince séculier qui se voit investi par Marsile de la prérogative de nommer les prêtres et d'excommunier les infidèles.

La décentration du pape, privé de sa plénitude de puissance, s'effectue chez Marsile par la reconsidération du problème de l'autorité civile et politique *en tant que telle*. Si le pape use d'un pouvoir de fait, c'est qu'il usurpe le pouvoir légitime ; l'élaboration théorique d'une réponse au problème de l'autorité légitime est donc *première* par rapport à la disqualification du pouvoir du pape : celle-ci procédera logiquement de celle-là.

Quelle est cette *arme* lancée contre Rome ? C'est un nouveau concept, celui de *société civile ou politique*. Telle est bien l'invention décisive, fondamentale pour les temps à venir : à partir d'elle s'élaboreront et la *souveraineté*

(Machiavel et Bodin) et le *droit politique* (Grotius, Hobbes, Rousseau).

Société civile et totalité

C'est sur une réflexion logique au sujet de la relation de la totalité et de ses parties qu'est fondée l'argumentation marsilienne. « Je pose, écrit-il, cette notion commune : *le tout est plus grand que la partie*, ce qui est vrai tant de la grandeur ou masse que de la vertu active et de l'action. On en conclut nécessairement de façon assez évidente que l'ensemble des citoyens ou leur multitude prépondérante — ce qui est à prendre pour une même chose — peut mieux discerner ce qui est à choisir ou à rejeter qu'une quelconque de ses parties prise à part » (p. 119). L'idée de société civile que *Le Défenseur de la paix* introduit dans la pensée politique est d'abord une construction logique, et c'est de cette logique que sera déduite la solution marsilienne au problème de l'autorité : *la « société » est pensée comme « totalité »*.

Trois caractères déterminent la totalité sociale. D'abord, la société civile est une *totalité différenciée* composée de parties, dont l'une est dominante. Ensuite, la totalité formée est *ordonnée à une fin* qui lui est immanente (le « bien vivre ») et procède d'une origine humaine (association volontaire). Enfin, c'est une *totalité réglée* où un principe commande la forme des relations que les parties entretiennent entre elles.

Il s'ensuit deux conséquences ; la première, touchant la formulation théorique du problème politique (l'autorité légitime), est de savoir quelle est la puissance qui doit assumer la *fonction d'autorité*, c'est-à-dire quelle « partie » de la totalité doit jouer le rôle déterminant en ce qui concerne l'institution de la société civile. La deuxième, touchant la formulation du problème politique pratique (c'est le côté combatif de l'ouvrage) est celle-ci : quel rapport y a-t-il entre la « partie dirigeante » et la « partie sacerdotale », le clergé ?

Le problème de la société civile est donc celui, théorique

et pratique, de son « établissement » (son origine) *et* de sa fin qui est la « vie suffisante », c'est-à-dire non dépendante des « besoins ». Si la totalité n'est pas bien instituée, une partie se voulant plus grande que le tout, il y a possibilité d'un schisme civil, d'une dissolution de la société homogène. Chaque partie doit donc être mise à sa place : quand ce n'est pas le cas, les *échanges* ne se font pas et la vie suffisante ne peut être atteinte. Il faut donc préserver la division du travail. Cette dernière expression, bien entendu, n'appartient pas au vocabulaire théorique de Marsile. On peut cependant l'employer sans forcer la pensée de l'auteur du *Défenseur.* En effet, la société civile est une société marchande laïcisée : sa fin est profane, et son unité est d'origine humaine volontaire : « Les hommes, écrit Marsile, se sont donc réunis pour vivre ensemble de façon suffisante, se procurer les choses nécessaires... et les *échanger mutuellement*. Une telle congrégation aussi parfaite et ayant le terme de sa suffisance par soi, est appelée cité ; sa cause finale est celle de la multiplicité de ses parties » (p. 68, souligné par moi).

La totalité sociale est donc composée de trois « parties ». Voyons donc cela. La société civile dont la forme logique est la totalité composée de parties est donc le milieu qui rend possible la vie économique (« l'échange ») et du coup requiert une puissance capable de maintenir les conditions de la vie « suffisante ». Cela posé, on peut maintenant traduire politiquement le jeu du tout et de ses parties. Il y a trois ordres fondamentaux : l'ordre du sacerdoce, voué au culte (clergé), l'ordre de la production et de l'échange (les métiers, les compétences et les talents), l'ordre de l'exécutif et de la coercition (le prince ou « partie gouvernante »). Chaque partie est ordonnée à une fin qui lui est propre ; le prince commande et maintient l'ordre institué, la sphère des métiers produit les biens nécessaires à la vie suffisante et la fin du sacerdoce est d'éduquer les hommes afin qu'ils méritent le « salut éternel ».

Nature de la loi

Comme on le voit, la totalité sociale est bien réglée, mais, pour autant, le *problème* politique demeure — on n'a fait que le poser en ses propres termes : quelle est la sphère, s'il en est une, à qui échoit la prérogative d'établir une société civile ? Aucune, répond Marsile, et cette réponse vaut surtout pour la « partie sacerdotale ». Il n'est pas de partie qui, en tant que telle, soit à même d'instituer le tout, *c'est la totalité qui se pose elle-même* par la loi qui est le *principe unificateur*. L'institution est œuvre de la loi et c'est le prince ou « partie gouvernante » qui exécute ses décrets. C'est au « législateur » déclare Marsile qu'il appartient de faire et d'énoncer la loi ; c'est au prince qu'il revient de la faire respecter — ainsi seulement la société civile et politique sera saine et en paix.

L'idée de la société civile est associée à l'idée de la *loi* et celle-ci à l'idée de la prééminence du tout sur les parties. La loi est *principe* de la vie politique, elle préside à l'institution de la totalité sociale et c'est donc le *législateur* qui en est la véritable cause. Le législateur c'est « le peuple ou sa partie prépondérante » ou, ce qui est la même chose, son représentant. « Le législateur, c'est-à-dire la cause efficiente, première et spécifique de la loi, est le peuple ou l'ensemble des citoyens, ou sa partie prépondérante » (p. 110-111).

La loi est, si l'on peut dire, l'esprit du corps politique, elle est l'âme de la société civile et sans elle il n'y aurait pas à proprement parler de communauté politique. Quelle est alors la fonction princière ? C'est de faire respecter par la coercition les décrets du législateur dont le prince est l'interprète mandaté, le délégué. « Le pouvoir de faire les lois revient à ... l'ensemble des citoyens ou sa partie prépondérante ; à lui seul appartient l'autorité de faire les loi » (p. 115).

Le prince, qui n'est rien que le bras armé du « peuple », et donc de la loi, est la puissance déterminante, quoique déléguée, de la totalité sociale. C'est donc par la médiation de la loi que Marsile assure la cohésion et l'ordre de la société civile comprise comme totalité organique. Le modèle organiciste est, du reste, sans cesse appelé pour mettre en évidence la séquence théorique qui charpente l'argumentation de l'ouvrage : société — totalité — loi. La conséquence politique de cette manière de voir est que le *pouvoir des prêtres* est totalement disqualifié.

C'est donc à la faveur d'une déduction logique que la prééminence de la « partie sacerdotale » est niée : une telle prééminence, dont la doctrine grégorienne de la plénitude de puissance pontificale est l'expression la plus achevée, est tout simplement mise *hors la loi.* De sorte que, la partie ne pouvant tenir lieu de la totalité, un État dans l'État (pour utiliser une expression qui ne convient pourtant pas à l'époque marsilienne) n'est pas politiquement tolérable, et il faudra donc que le sacerdoce se soumette à la loi civile.

Une question essentielle se pose maintenant : quelle est donc la nature de la loi ? Le peuple a une existence *nominale*, auteur en titre de la loi, par définition il n'a pas de pouvoir réel puisqu'il est l'origine du pouvoir. L'idée marsilienne du « peuple » a une double fonction, d'une part elle sert à priver la « partie sacerdotale » de la prérogative de légiférer, prérogative qui prend par là-même une couleur purement humaine, c'est-à-dire *civile*. D'autre part, elle sert à justifier le pouvoir du prince qui, mandaté pour un temps par le peuple, est le seul détenteur de la *puissance légitime*. Le nominalisme de l'idée de « peuple » se manifeste dans la définition de la loi comme pouvoir coercitif externe détenu par le monarque dans l'État. Si la loi est humaine, puisque son origine est dans le peuple, elle concerne donc les affaires humaines. Or, on sait que les hommes cherchent la vie bonne dans l'*échange économique*, seule réponse aux « besoins de la communauté » : la loi sera un véritable *glaive* entre les mains du prince. La loi est donc exclusivement un précepte, une *règle coercitive* assortie de sanction, règle qui devient efficace et active dans et par le prince « La loi, dit Marsile, peut être considérée sous deux aspects : premièrement en elle-même pour autant qu'elle manifeste seulement le juste et l'injuste... Deuxièmement, elle [est] un précepte coercitif... ; ainsi considérée on l'appelle loi et elle est, au sens propre, loi » (pp. 98-99). La loi en elle-même n'est pas suspendue à l'idée du juste ou dérivée de cette idée : c'est l'idée de justice qui *résulte* de l'application de la loi. C'est une règle coercitive valant pour le « monde présent » ; elle est en son essence même « loi humaine ». Elle ne concerne que la vie suffisante, libérée du besoin, elle *est* la condition de la vie juste. Puisque la loi garantit les « échanges » et, plus généralement, l'existence du lien social, c'est de la *loi civile* que dépend la justice. La loi n'est pas promulguée pour la justice, mais pour garantir la vie bonne : il n'y a pas de justice sans loi.

Monisme étatique

La critique de la *plenitudo potestatis* se présente en déduction de la « société » civile et de son principe qui est la loi. Pour qu'il y ait société, il faut qu'il y ait une loi, or, la loi vient du peuple et concerne les affaires civiles ou humaines. La puissance papale est donc une double usurpation. Si l'Église est une « société » alors le pape n'a pas le pouvoir de faire la loi, seule l'assemblée des fidèles le peut. N'ayant donc pas de loi — au sens propre, l'*Église n'est pas une société*. La prétention papale à la plénitude de puissance en matière religieuse est donc bien une usurpation. Qu'en est-il maintenant de sa prétendue puissance au temporel, se demande Marsile ? Les évêques, et celui de Rome comme les autres, ont une fonction sacerdotale, concernant le salut des âmes et n'ont, à ce titre, aucune prétention à avoir en ce qui concerne le gouvernement de la vie suffisante. La société *civile*, en tant que telle, est donc indépendante du sacerdoce. Cependant, la « partie sacerdotale » a une fonction sociale, de sorte qu'elle *appartient* à la *société civile* comme la partie appartient à la totalité. On voit que l'invention marsilienne de la société civile est une invention polémique (et donc politique) : société *civile* s'oppose à société sacerdotale ou ecclésiastique. Ainsi, qu'on l'entende comme on voudra, la plénitude de puissance pontificale est un « sophisme » (p. 177).

La société civile est donc doublement autonome : logiquement, comme totalité qui se pose elle-même (par la loi) et politiquement — ce qui est la même chose — comme indépendance de la société par rapport à ses parties, elle a un pouvoir propre et en dehors d'elle il n'y a pas de puissance légitime. En congédiant le pouvoir des prêtres,

Marsile lance le vaste mouvement de laïcisation de la politique ; avec lui et à partir de lui, le pouvoir devient profane.

Si la loi est le principe de la société civile, la « partie gouvernante », dans la totalité sociale, sera l'instance qui en assurera l'*unité. A l'unicité de la partie gouvernante correspond l'unité du royaume.* Le souci de la paix civile est ici primordial : « S'il y avait plusieurs principats dans la cité ou royaume... il en résulterait combats, séparation et finalement destruction de la cité ou royaume » (p. 157).

C'est le principe de l'*Un* — l'État comme « Un » - qui est mobilisé par Marsile. Ce thème est déjà présent chez Thomas d'Aquin, mais il désignait chez celui-ci la préférence à donner au gouvernement d'*un seul* sur la multitude (monarchie). Là encore, Marsile de Padoue innove considérablement : l'unicité du prince est au service de l'*unité de la société.* C'est donc le prince, autrement dit le bras armé du « peuple », qui constitue la *fin* (éminemment politique) à laquelle la totalité sociale est ordonnée.

On mesure de la sorte l'étendue de la découverte que constitue l'élaboration marsilienne de la société civile : celle-ci est *une* et son principe politique est le monisme étatique. Mais, pour autant, la *souveraineté* de l'État (qu'incarne le « prince ») n'est pas pensée réellement puisque le monarque tient son pouvoir exécutif du peuple dont il reçoit la loi : le prince marsilien est soumis à la loi, mais surtout il n'en est pas l'auteur. Mais si le monarque n'est pas « souverain », *le peuple ne l'est pas davantage :* il dépend du monarque ou « partie gouvernante » *sans lequel la loi ne serait qu'une règle non obéie, sans effet, c'est-à-dire une non-loi.*

C'est donc la figure d'une cité sans souveraineté, un prince autonome, certes, mais à la fois dépendant, que développe *Le Défenseur de la paix.* Il n'y a là aucune contradiction puisqu'il s'agit de l'autonomie de la société civile par rapport à ses parties — autonomie que rend bien l'idée logique de totalité. Penser le prince « souverain » ce sera le montrer *indépendant des lois dont il est lui-même l'auteur.* Ce point sera établi par Bodin. En

« souveraineté » la loi est « volonté » du souverain qui ne peut, dès lors, être « lié » par sa propre volonté ; il peut donc en changer : une conception étrangère à Marsile de Padoue. L'auteur du *Défenseur de la paix* n'en reste pas moins le premier inventeur d'une problématique politique qui ne tardera guère à devenir celle des « Modernes ».

NICOLAS MACHIAVEL

1469-1527

Le Prince[1]

Discours sur la première décade de Tite-Live

1513

Il y a deux choses à considérer en politique : l'ancien état des choses et le nouvel ordre des choses. Le problème politique, pour Machiavel, réside dans l'introduction de « nouvelles institutions », de sorte que penser la politique c'est, pour l'auteur du *Prince* et des *Discours sur la première décade de Tite-Live* penser la discontinuité entre l'*ancien* et le *nouveau*. Or, l'action politique, qui réside très largement dans l'action de *fonder* un « ordre nouveau », doit être comprise différemment — mais complémentairement — selon qu'on l'envisage du point de vue du *prince* ou du point de vue du *peuple*. Chacun en effet a une fonction précise dans l'acte historique de fonder un « ordre nouveau ».

Il importe donc de déterminer la nature de la nouveauté en politique ; il faut aussi évaluer la nature respective du

1. In *Œuvres complètes*, La Pléiade, Gallimard, Paris, 1952.

prince et du peuple. Cela permettra de comprendre la nature de l'État nouvellement fondé.

La nouveauté en politique

La nouveauté qu'introduit Machiavel est double : elle touche à la définition théorique du problème politique, d'une part ; et, d'autre part, elle réfléchit précisément la pratique politique comme institution d'un « ordre nouveau ». Machiavel est celui qui définit le premier la conception moderne de la politique comme exercice du pouvoir. Le concept de pouvoir d'État naît véritablement avec Machiavel dans *Le Prince*. Mais la question de la « légitimité » d'un ordre politique quelconque n'est plus un préalable à la formulation adéquate du problème politique. Depuis Machiavel, la politique se ramène à la *fondation* de l'État et à la *conservation* de l'État nouvellement institué. C'est en ce sens que la politique se réduit au pouvoir comme à son principe car elle consiste en un rapport de force.

La définition de la politique comme domaine du pouvoir revient à disqualifier la question de la légitimité comme problème *théorique*. Le pouvoir étant *ce qui* se conquiert et se conserve dans l'État (et cela définit *proprement* la politique), la *question morale* n'est pas pour autant abandonnée purement et simplement, elle est remise à sa place : de la théorie à la pratique. Il ne s'agit plus, en effet, selon Machiavel, de fonder une politique sur un principe moral révélé ou naturel dont la vie politique serait alors l'expression plus ou moins juste. Il s'agit seulement de réussir la fondation de l'État. C'est pourquoi la théorie du pouvoir élaborée par Machiavel n'est pas spéculative, mais réaliste : l'Italie a besoin d'un « rédempteur » ; *Le Prince* en fournit le portrait. « Il m'a semblé plus convenable, écrit-il, de suivre la vérité effective de la chose que son imagination » **(XV)**. Cette vérité effective est la vérité historique à laquelle les hommes en général et l'homme d'État en particulier ont affaire quand ils font de la politique. Ainsi, la politique de Machiavel est-elle tout entière historique : il ne s'agit pas d'imaginer une *cité* conformément à une norme du bien politique existant par ailleurs. Il importe plutôt d'examiner les choses telles qu'elles sont dans l'histoire.

La critique machiavélienne de la pensée classique consiste alors à réintroduire la *nécessité* historique pour formuler la théorie du pouvoir. De sorte que les ruses du prince ne sont en fait que la manifestation de l'obligation où se trouve le fondateur d'État de bien user de la conjoncture historique s'il veut réussir : « Aussi est-il nécessaire au Prince qui se veut conserver qu'il apprenne à pouvoir n'être pas bon et d'en user ou n'user pas selon la nécessité » (XV). La relation des moyens aux fins que le prince se donne dans l'action est la seule norme de sa moralité. En d'autres termes, on ne saurait dire que pour Machiavel la « fin justifie les moyens » sans autres précisions. Ce qui, en effet, motive l'action du prince fondateur, est de donner des lois à une multitude, et c'est relativement à cette action de *donner des lois* — c'est-à-dire de fonder l'État — que se juge l'action d'un tel prince.

Sous ce rapport, la tradition courante a tort de parler de l'amoralisme, voire de l'immoralisme du Secrétaire florentin : celui-ci ne fait que définir le prince comme serviteur de l'État car, si le prince doit ruser, c'est seulement pour maintenir l'État, ou le fonder s'il n'existe pas encore. Si donc il y a du « machiavélisme » dans Machiavel, c'est qu'il est le premier à révéler pour cinq siècles la nature du pouvoir et la prééminence du bien de l'État en tant que *but* de l'action politique. Et c'est exclusivement en référence à ce *bien*, entendu comme fin, que les moyens de l'action doivent être évalués.

La réintroduction de la « nécessité » dans la formulation théorique du problème politique, qui a pour conséquence le déplacement de la question morale, rend possible la définition du domaine politique comme *ensemble de pratiques*. C'est cet ensemble de pratiques qui constitue un ordre « nouveau » en le distinguant de l'ancien ordre des choses. Quant à la nouveauté elle-même, elle est le fait du prince. C'est pourquoi les princes « nouveaux » ont à faire face à des périls immenses : fonder un ordre nouveau consiste à substituer à des lois et coutumes existantes des lois et coutumes nouvelles. Or, les hommes étant ce qu'ils sont, rien n'est plus difficile que de donner à un peuple des lois nouvelles. C'est pourquoi il est nécessaire de comprendre le champ de la politique comme rapport de force : « Celui qui les introduit [les lois nouvelles] a pour ennemis tous ceux à qui profite l'ordre ancien et n'a que des défenseurs bien tièdes en ceux qui profiteraient du nouveau » **(VI)**.

La question de la prise du pouvoir — institution d'un ordre nouveau — est donc la question des moyens pratiques à mettre en œuvre. Il y a ou bien des réussites, ou bien des échecs ; les uns et les autres ressortissent aux moyens mis en œuvre : le prince bien armé est celui qui réussit. « Tous les prophètes biens armés furent vainqueurs et les désarmés déconfits » **(VI)**.

Le prince et le peuple

La question du prince nouveau fondateur est celle de la *stratégie* qu'il met au point pour s'emparer du pouvoir et le conserver. L'élément déterminant de cette stratégie de fondation est l'alliance du prince et du peuple.

Partout dans ses écrits Machiavel a en vue une telle alliance. Seule l'alliance du principe actif, incarné par le prince, et du principe passif que le peuple incarne, permet de réussir la fondation. L'action du prince ne saurait donc s'entendre qu'en relation à la fonction du peuple dans l'acte fondateur. Alors que le peuple a, dans le moment historique de la fondation, la fonction de maintenir et de conserver l'ordre fondé, c'est précisément au prince qu'échoit, selon Machiavel, la tâche de conduire la fondation de l'ordre nouveau. On voit que le prince ne serait pas fondateur si son action n'était liée à un peuple. Cette liaison prince-peuple, cette alliance historique, permet de comprendre l'option *républicaine* de Machiavel. Contrairement, en effet, à une légende trop répandue reposant sur une lecture unilatérale du *Prince* indépendamment des

Discours, Machiavel soutient la république contre la monarchie.

C'est dans cette perspective, celle de la république où le peuple est avec le prince partie prenante à la fondation politique, qu'il faut comprendre les notions machiavéliennes de la « *virtù* » et de la « *fortuna* » en tant que qualités essentielles d'un « prince nouveau ». La *virtù* du prince ne renvoie pas à sa moralité, mais à son initiative, et au discernement dont il doit faire preuve s'il entreprend une action fondatrice — c'est le sens politique. Quant à la *fortuna*, elle n'est pas seulement la chance, elle est principalement l'élément historique, la configuration plus ou moins favorable à son action, elle renvoie donc fondamentalement au rapport de force. Dans la mesure où les *forces en présence* lui sont plus ou moins favorables, le prince saura plus ou moins vaincre la nécessité. La *fortuna* renvoie, de la sorte, à la *marge de liberté dans l'action* dont jouissent le princes fondateurs. Machiavel estime la part de liberté à « la moitié » des actions des hommes.

La politique reste cependant le domaine de l'action du prince : par « fortune » on doit donc entendre *la résistance de la nécessité* à l'action du prince qui métamorphose la « fortune » en *occasion de pouvoir*. Quant à la « *virtù* », c'est la capacité de faire de l'occasion une réussite, autrement dit de *s'approprier la nécessité*, c'est-à-dire de tourner le rapport de force à son avantage.

L'État

La conception du *pouvoir d'État*, comme but de la stratégie du prince, est ce qui caractérise le mieux le machiavélisme en politique — et non pas on ne sait quel « immoralisme ». En ce sens, l'essentiel du *Prince* réside dans cette définition de l'État comme institution du pouvoir *souverain*. « J'ai composé un opuscule *De Principatibus* [*Le Prince*] où je creuse de mon mieux le problème que pose un tel sujet : ce que c'est que la souveraineté, combien d'espèces il y en a, comment on l'acquiert, comment on la garde, comment on la perd. Et si jamais quelque élucubration de moi vous a plu, celle-ci ne devrait pas vous déplaire. Elle devrait surtout faire l'affaire d'un prince nouveau » (Lettre de Machiavel à F. Vettori, du 10 novembre 1513). L'apparition du concept de *souveraineté* dans *Le Prince* est un fait capital du point de vue de la philosophie moderne de l'État. Mais Machiavel ne construit pas ce concept, entièrement nouveau dans la pensée politique. Il lui suffit de replier la souveraineté de l'État dans le prince : désormais, la question du pouvoir d'État est celle-là même de la souveraineté.

C'est ici précisément qu'apparaît la révolution théorique introduite par Machiavel. La souveraineté du prince doit être comprise comme souveraineté du prince s'exerçant au sein de l'État. L'*État* auquel songe Machiavel, c'est-à-dire une nouvelle forme de la vie politique, ne devant rien au modèle de la cité chrétienne, capable de fonder l'unité de l'Italie, cet *État* ne peut être pensé que dans la forme de l'alliance prince-peuple. Et une telle alliance, où le peuple, à l'égal du prince, mais différemment de lui, est *acteur*, a pour but politique l'élimination des « Grands », c'est-à-dire des seigneurs féodaux. On aperçoit, du coup, que le « prince nouveau » est *nouveau* en ce qu'il s'oppose au prince ancien : le prince féodal.

L'*État* machiavélien est donc la forme politique, non encore entièrement élaborée, de ce qui deviendra un siècle plus tard l'État moderne. Dans cette invention des conditions de la modernité en politique, Machiavel joue donc un rôle tout à fait décisif. Et le signe le plus évident de cette révolution machiavélienne est dans le *fait philosophique* d'instituer le « peuple », dans un sens quasi moderne, comme acteur de la vie politique. Le lieu de cet *avènement du peuple* est *Les Discours sur la première décade de Tite-Live*. Rédigé en même temps que *Le Prince*, cet ouvrage est la construction théorique du « peuple » comme personnage politique de la modernité. C'est pourquoi Machiavel se déclare « républicain » — non content d'éliminer l'ancienne figure du « prince », le seigneur féodal comme centre de la vie politique, il élabore le « prince nouveau » en relation avec le « peuple ».

Il faut donc voir dans *Le Prince* le livre de la fondation

de l'État envisagée du point de vue du prince, et dans les *Discours* cette même fondation envisagée du point de vue du peuple. Les deux ouvrages sont inséparables et ne peuvent être compris l'un sans référence à l'autre. Si, selon Machiavel, le prince est meilleur que le peuple pour fonder l'État, c'est-à-dire pour donner des lois, au contraire, le peuple est supérieur au prince pour conserver l'État nouvellement fondé ; d'où le « républicanisme » de Machiavel qui affirme « la supériorité du gouvernement d'un peuple sur celui d'un prince » (*Discours*, **I**, 58).

de l'[illegible] du point de [illegible] et tous les [illegible] bouche [illegible] au peuple [illegible] être compris [illegible] Il n'est donc pas [illegible] des [illegible] le peuple [illegible] nouvellement [illegible] « la [illegible] du [illegible] du peuple au [illegible] » ([illegible]).

THOMAS MORE

1478-1535

Utopie [1]

1516

Contrairement à une idée trop répandue, l'*Utopie* de Thomas More n'est pas l'exposé d'une république « idéale » et parfaite, située, comme son nom semble l'indiquer, dans aucun lieu. L'*Utopie* est la *critique réaliste de l'État*. Seule une vulgarisation de la notion d'utopie politique – caractérisée principalement par un affaiblissement de sa dimension polémique – a permis de voir en elle la description d'un modèle d'organisation politique irréalisable, mais cependant désirable. En fait, ce qui commande la pensée politique de Thomas More, est l'idée selon laquelle l'État est une institution historique et positive, ce qui interdit de faire de l'île de « nulle part » une cité en idée.

L'État historique

L'inspiration platonicienne de More n'est pas discutable : pour autant, la république d'Utopie n'est pas la Cité juste de l'auteur de *La République*. Pour le Grec, la république

1. Trad. V Stouvenel, Éd. Sociales, Paris, 1974.

qu'il a en vue est conforme à l'idée de la Cité (*Polis),* c'est-à-dire à son principe théorique, à sa forme universelle en soi, la « justice ». Chez Thomas More, la conformité à un principe universel n'est pas ce qui structure l'édification de l'État utopique. Si en Utopie la vertu règne, ce n'est pas que les institutions réalisent la vertu en soi, c'est seulement que la vertu, au contraire, procède et résulte des institutions.

« Ce grand génie (Platon) avait aisément prévu que le seul moyen d'organiser le bonheur public, c'était l'application du principe d'*égalité*. Or, l'égalité est, je crois, impossible dans un État où la possession est solitaire et absolue ; car chacun s'y autorise de divers titres et droits pour attirer à soi autant qu'il peut, et la richesse nationale, quelque grande qu'elle soit, finit par tomber en la possession d'un petit nombre d'individus qui ne laissent aux autres qu'indigence et misère » (p. 108). Le *renversement du point de vue platonicien* est ce qui définit proprement l'utopie en politique. Celle-ci s'affirme être entièrement dépendante d'une conception de l'État comme institution positive historique : ce sont les bonnes institutions qui font régner la vertu. En ce sens, l'*Utopie* est la première description critique de l'État moderne comme État *historique*. « Jetons les yeux sur ce qui se passe chaque jour autour de nous » (p. 78), recommande Thomas More.

Plaçant le discours politique sur le terrain des institutions positives, l'*Utopie* de More — et par conséquent aussi toute « utopie » au sens strict — s'oppose à la prophétie et à la projection volontariste dans l'avenir.

C'est pourquoi le genre discursif mis en œuvre dans l'ouvrage est la critique d'institutions réelles tenues pour condamnables par l'auteur et, corrélativement, la description d'institutions *également réelles* de remplacement. Le mode d'existence dans la République ou État est le présent. C'est à partir de ces deux notions, réalisme institutionnel et présent historique, que la politique est pensable sous la catégorie d'utopie.

Deux conséquences doivent être déduites de cela. La première est que l'utopie n'est pas située dans un ailleurs ; elle n'est un « non-lieu » que dans le vocabulaire. Elle existe bien réellement dans l'espace ; d'où le récit allégorique situant le pays de nulle part — l'Angleterre : « S'il faut en croire la tradition, pleinement confirmée, du reste, par la configuration du pays, cette terre ne fut pas toujours une île. Elle s'appelait Abraxa, et tenait au continent ; Utopus s'en empara et lui donna son nom » (p. 116). La seconde conséquence est une invitation au déplacement mental, au voyage théorique ; en effet, puisque l'île de nulle part existe quelque part, il suffit de s'y rendre en pensée. La narration est alors le procédé rhétorique adéquat : le récit induit l'idée selon laquelle un *déplacement fondamental* est requis chez celui qui écoute. Le voyage dans l'espace, au-delà des mers, est un voyage au-delà des institutions présentes : il est, par lui-même, l'invitation à une véritable révolution politique.

L'utopie, on le voit, n'est pas une légende où les héros, anges ou bêtes, seraient des modèles inimitables, c'est au contraire une *histoire* dont les agents sont des hommes qui se sont donné sous la conduite d'un prince fondateur — Utopus — des institutions que, de ce côté-ci des mers, d'autres hommes feraient bien d'imiter. C'est pourquoi Thomas More fait parler le voyageur heureux, Raphaël : « Eh ! bien, dis-je à Raphaël, faites-nous la description de cette île merveilleuse ». (p. 111).

La république réelle

L'idée fondamentale de l'*Utopie* apparaît donc être celle-ci : la vie politique réelle n'est pas susceptible d'être réformée sur les conseils d'un sage. Un État corrompu ne peut être redressé par la seule bonne volonté du prince, éclairé comme il peut l'être par quelque philosophe avisé. Ce que signifie profondément l'*Utopie* de More, c'est, au contraire, que les *idées* en tant que telles sont privées d'efficacité pratique. La politique, c'est-à-dire l'État, n'est pas le résultat historique d'un *idéal* situé on ne sait où : elle est fondamentalement la puissance inscrite dans les institutions, elle procède des rapports sociaux (les riches et les pauvres) qui dépassent considérablement les relations des volontés individuelles, qu'elles soient bonnes ou mauvaises. C'est justement parce que le *vice* n'est pas inscrit dans le cœur des hommes, sans espoir de l'en extraire, que Thomas More écrit l'*Utopie* ; ce sont les institutions que sont vicieuses : « Voilà ce qui me persuade invinciblement que l'unique moyen de distribuer les biens avec égalité, avec justice, et de constituer le bonheur du genre humain, c'est l'abolition de la propriété » (p. 108).

Le célèbre tableau de l'Angleterre que Thomas More brosse dans le *Livre premier* ne laisse à cet égard aucun doute : *l'abolition de la propriété,* institution vicieuse par excellence, si l'on peut dire, est la *condition pratique* de toute justice possible. Justice, égalité, bonheur ne sont que de mots vides, des idées vagues, si un contenu réel, et donc historique, ne leur est pas donné.

Le *Livre second*, le récit de Raphaël, donne le sens de ces trois notions, en en délivrant la signification institutionnelle : l'abolition de la propriété n'y est pas présentée comme un vœu pieux, comme un possible ou comme un devoir, comme une *utopie* au sens commun du terme, mais comme *ce qui est dans l'histoire réelle* : « J'ai essayé, continua Raphaël, de vous décrire la forme de cette république, que je crois être non seulement la meilleure, mais encore la seule qui puisse s'arroger à bon droit le nom de république » (p. 196).

MARTIN LUTHER

1483-1546

De l'autorité temporelle[1]
et dans quelle mesure on lui doit obéissance

1523

On peut résumer en deux propositions la pensée de Luther en matière politique : *dominer, c'est dominer un corps,* et *le pouvoir concerne les autres.* Ces deux thèses soutiennent la démonstration de *L'Autorité temporelle...* Elles ne sont intelligibles que dans le cadre d'une politique chrétienne qui fait de l'exercice du pouvoir temporel un sacerdoce, voyant dans la politique le dessein de Dieu. « Si... l'exercice du pouvoir et le glaive sont au service de Dieu, tout ce dont le pouvoir a besoin pour manier le glaive doit nécessairement être au service de Dieu. Il faut en tout état de cause que quelqu'un emprisonne les méchants, les mette en accusation, les égorge et les tue, et qui protège les bons, les mette hors de cause, les défende et les sauve » (p. 115)

On pourrait penser, partant de là, que Luther délivre le *chrétien* de l'obéissance si le commandement du prince touche aux impératifs de la foi. Il n'en est rien car l'autorité temporelle est totale et l'obéissance sans limite.

Parmi les réductions que Luther opère au début de son

1. Trad. J. Lefebvre, Aubier, Paris, 1973.

ouvrage, il en est une qui a pour effet de montrer qu'on ne saurait jamais douter du fondement *divin* du pouvoir. En revanche, pour Luther, le doute est autorisé, et même recommandé, dès qu'il s'applique à ce que dit le pape d'un tel fondement. La question de la *désobéissance* ne saurait donc se poser que dans le cas extrême, quoique courant, où le prince enjoint à ses sujets d'obéir aux directives du pape. Dans ce cas, Luther autorise la désobéissance, mais la question est de savoir *en quoi* celle-ci consiste effectivement. « L'âme n'est pas soumise au pouvoir de César, il ne peut ni l'instruire, ni la guider, ni la tuer, ni lui donner vie, ni la lier ni la délier, ni la juger ni la condamner, ni la retenir ni l'abandonner. Toute chose qui devrait nécessairement être s'il avait pouvoir pour lui commander et lui imposer des lois. En revanche, il peut le faire pour le corps, les biens et l'honneur ; car cela ressortit à son pouvoir » (p. 133).

Il faut donc avoir clairement compris la signification des deux règnes et son expression la plus générale dans la distinction du corps et de l'âme du chrétien pour entendre comme il faut que, selon Luther, la désobéissance existe, mais exclusivement sur le plan de l'âme. Il n'y a donc aucune limitation de l'autorité du prince, au point de vue du corps qui, lui, est soumis à l'existence temporel et donc au pouvoir. Puisque le chrétien, comme tout autre homme, vit ici-bas une vie mondaine, il est comme tout autre homme soumis à ses lois. La désobéissance est purement nominale car elle n'a aucune prise sur la vie terrestre. C'est seulement par des paroles et des plaintes, dans son for interne, que le chrétien peut désobéir. Il est clair que, étant situé dans le monde, et par conséquent relevant de la puissance de ce monde, il ne cesse jamais de lui être soumis. Ce que poursuit Luther, c'est, avec la vigueur qu'on lui sait, toute tentative de désobéissance *civile*. *Chrétiennement*, la désobéissance au prince temporel est un péché qui doit être puni ; c'est une vertu quand il s'agit de désobéir au pape, mais cette désobéissance ne saurait être qu'intérieure puisque le pape n'a de pouvoir que spirituel.

Les deux règnes distincts, temporel et spirituel, régissent deux ordres différents dans l'homme : le premier régit le corps, le second l'âme. Si donc c'est pour l'homme chrétien un devoir de se dérober aux injonction d'un prince dévoué à Rome, cette désobéissance se situe sur le plan de l'âme seule. Elle ne concerne donc pas le temporel qui, après comme avant, est hors de contestation. Or, c'est bien là la question : s'agit-il, oui ou non, de désobéir au *prince*. La réponse est non. La désobéissance ne s'exprime pas politiquement, c'est-à-dire par le corps. Elle s'exprime silencieusement dans l'intériorité de l'âme. *Ame rebelle dans un corps sujet*. Obéir est une vertu très chrétienne puisque, l'idée est déjà dans saint Paul, le pouvoir est divin ; la désobéissance est donc absolument *passive*. D'où la recommandation de Luther : « Les sujets doivent, quand l'ordre en est donné, supporter que l'on fouille leur maison et que l'on prenne de force livres ou biens. On ne doit pas résister au sacrilège, mais le supporter, on ne doit pas l'approuver non plus ni y contribuer, ni suivre, ni obéir ne serait-ce que d'un pas ou du petit doigt » (p. 135).

Luther est donc favorable à une sorte d'*objection de conscience*, mais cela n'autorise pas la désobéissance active. Il est remarquable qu'une telle objection de l'âme ne saurait empêcher en quoi que ce soit l'arbitraire du prince temporel, vu que celui-ci agit sur le plan du corps. Il n'y a d'ailleurs aucune contradiction dans cette manière d'envisager la question de la résistance, puisque la foi dans le « Sauveur » est seule à même d'opérer le salut du croyant. La résistance au « tyran » (c'est-à-dire au prince dévoué au pape) peut donc être justement regardée comme impie par le réformateur, puisque selon lui le vrai chrétien n'attend son salut que de son âme — pas dans ce monde. Conclusion : le bon chrétien doit toujours servir et honorer son prince quel qu'il soit, ce « bourreau », ce « geôlier » au service de Dieu. « C'est un haut Seigneur que notre Dieu ; c'est pourquoi il lui faut, écrit Luther, de ces bourreaux et de ces valets nobles, riches et de haute naissance... Il plaît à Sa divine volonté que nous appelions gracieux seigneurs ces bourreaux à son service... à condition toutefois qu'ils n'étendent pas trop loin leur ouvrage en voulant cesser d'être des bourreaux pour devenir bergers » (p. 137).

Deux thèmes méritent d'être signalés qui concernent cette doctrine rigoureuse de l'autorité : la justice et l'égalité. L'*égalité* est le statut du chrétien : un chrétien en vaut un autre, de sorte qu'il n'y a pas de différence entre eux, pas de pouvoir, c'est-à-dire pas d'autorité. En tant que tel, tout chrétien est l'égal d'un autre dans le Christ. L'idée moderne du « peuple » s'alimentera à cette notion de l'égalité chrétienne. Il y a un certain pacifisme inhérent à cette notion : les chrétiens comme tels sont gouvernés par la seule *parole*. Quant à la *justice,* elle n'est pas vengeance ; en effet, si pour Luther c'est la *parole* qui gouverne les chrétiens, c'est cependant le *glaive* qui gouverne les hommes. La justice exclut la vengeance personnelle qui est pure violence : elle s'en remet au glaive qui tranche. « Même dans les affaires temporelles, affirme-t-il, on ne peut employer la violence avant que l'infraction ait été soumise à un acte de justice » (p. 139).

Pourtant, rien n'est plus éloigné de la pensée de Luther que le culte de la non-violence : la répression des paysans révoltés en 1525 est menée rondement sur son conseil avisé. En fait, la politique devient chez lui une sorte d'état de guerre civile déclarée contre Rome. En ce sens, il n'y a chez Luther aucune révolution en politique, mais la restauration d'une tradition pour laquelle penser la politique c'est théoriser la répression.

ÉTIENNE DE LA BOÉTIE

1530-1563

Discours de la servitude volontaire[1]

vers 1549

Il est remarquable que, parmi les œuvres qui retracent le devenir et la transformation de la pensée politique, il y ait si peu d'ouvrages dont le seul objet est de jeter bas l'idole de la puissance d'État, quelque forme qu'il prenne. Si toutes les œuvres politiques sont souvent motivées, explicitement ou non, par la critique de l'ordre établi, ce sont pratiquement toujours aussi des constructions doctrinales qui, de leur point de vue, apportent la preuve qu'il faut changer l'ordre présent et lui substituer un ordre meilleur. C'est là une tendance générale de la littérature politique, tendance qu'on peut formuler ainsi : il existe une politique d'État bonne et juste pour l'usager. La croyance en la bonté possible de l'État est fermement enracinée au point de faire naître l'idée que la politique en tant que telle est *aimable* ou, si elle ne l'est pas, elle *peut* l'être ou *doit* l'être. Seul entre tous, La Boétie déclare que *le pouvoir est haïssable*.

C'est se tromper grandement que de voir dans le souci de l'auteur d'écarter au début de l'ouvrage la question du *meilleur régime*, une précaution seulement rhétorique

1. Édition S. Goyard-Fabre, Garnier-Flammarion, Paris, 1983.

devant lui servir à délimiter son propos. A travers la critique du gouvernement d'un seul, il s'agit de mener celle, autrement plus vaste, de toute domination d'État. C'est pourquoi on ne trouve pas dans le *Discours de la servitude volontaire* de recette capable d'assurer la liberté des hommes : il n'y a pas de *meilleur* régime. Mais si la domination n'est pas aimable, pourquoi le grand nombre sert-il *volontairement* son maître ? Telle est la véritable question politique. Pour La Boétie, penser la politique revient ainsi à résoudre l'énigme de tout pouvoir : comment l'*Un* peut-il dominer le grand nombre ?

Le *Discours* ne s'adresse pas au prince, il n'est pas un discours au tyran, mais une adresse au peuple. Alors que toujours le peuple, même déclaré « souverain », est tenu par un devoir d'obéissance, pour La Boétie son seul *devoir* est d'être libre : « Les bêtes, si les hommes ne font trop les sourds, leur crient : vive la liberté ».

La volonté de servir

Le phénomène, selon La Boétie, doit d'abord être nommé : quel est le mot, se demande-t-il, qui convient pour désigner cette situation sans nom où plusieurs obéissent, sans dire mot, à un seul ? Si la chose n'est pas nommée, c'est que le langage qui, par nature, tisse un lien d'amitié parmi les hommes, faisant de leur société une « compagnie », est débordé par la domination. C'est-à-dire non seulement par la tyrannie d'un seul, mais par le pouvoir en tant que tel, par la puissance en soi. Si la domination est proprement innommable, c'est que la politique est une communication sans langage, autrement dit la *servitude*. Si le langage est amitié, la politique est violence et domination.

Penser la politique, c'est essentiellement, pour La Boétie, repérer par quelle étrange omission fatale de la Nature les hommes semblent aimer et désirer leur servitude. Mais puisque la Nature est source d'amitié, mère de liberté, *via* le langage, le *problème* politique est celui de savoir comment nommer ce qui, par essence, se dérobe au langage : « Donc quel monstre de vice est ceci qui ne mérite pas encore le titre de couardise ? Qui ne trouve de nom assez vilain, que Nature désavoue avoir fait, et le langage refuse de la nommer ? » (pp. 84-85). Le nom de la chose, il faudra bien pourtant le trouver. Aussi, la contradiction apparente que la chose présente aura-t-elle pour conséquence l'apparente contradiction de l'appellation : *servitude volontaire*, communication hors langage.

Le vocabulaire politique de La Boétie a ceci de particulier qu'il déplace et redéfinit sans cesse les notions. Chez lui le *volontarisme* n'est pas du côté du prince, il est d'abord du côté des sujets. Le désir de dominer qu'on trouvera un siècle plus tard chez Hobbes, par exemple, à la source de la société civile et au principe de la légitimité de l'État est, par avance, disqualifié dans le *Discours*. La conception la boétienne de la puissance consiste à nier le volontarisme du prince pour lui substituer ce qu'on pourrait appeler le volontariat des sujets tout disposés, à ce qu'il semble, à bien servir leur maître.

Désirer la servitude, au lieu que seule la liberté soit désirable, tel est donc l'étonnement profond de La Boétie, étonnement philosophique dont témoigne le *Discours*. « Ce désir, cette volonté, est commune aux sages et aux indiscrets, au courageux et aux couards, pour souhaiter toutes choses, qui étant acquises, les rendraient heureux et contents... C'est la liberté qui est toutefois un bien si grand et si plaisant, qu'elle perdue, tous les maux viennent... La seule liberté les hommes ne la désirent point... » (p. 88).

Les deux « natures »

Il y a deux natures : une qui asservit, « seconde nature », et l'autre qui libère, nature première, « bonne mère », comme l'appelle La Boétie. Le problème politique est celui de savoir à quelle nature se fier.

On a vu combien le rôle du langage est essentiel à la compréhension de ce problème : lui qui, par nature, sert à unir, est impropre par conséquent à saisir la division. Le problème du langage est sous-tendu par celui de la

« Nature » : du savant dosage de ces deux niveaux, de leur osmose, naît la pensée de la politique : reconnaître *en quoi* la politique fait problème. Du coup, se trouvent indiquées les voies de sa solution ; c'est ce qu'il faudra examiner tout à l'heure : le *comment* de la domination. Mais auparavant, il convient de saisir le *pourquoi* de ce qui est si répandu : « l'opiniâtre volonté de servir ».

Qu'est-ce donc que la nature ? La question est : quand, en politique, nous parlons de « nature », *de quoi* parlons-nous ? Est-ce de la nature qui opprime, ou de celle qui libère ? La tradition politique, avant La Boétie comme après lui, est toujours la référence à la nature : tantôt l'une, tantôt l'autre. La Boétie fait valoir l'une *et* l'autre, et c'est de ce balancement du *Discours*, tension entre deux natures, que la définition du centre de pouvoir comme l'*Un* tire sa substance et sa force.

S'agissant du gouvernement d'un seul, l'idée que le pouvoir c'est l'« Un » est le lieu commun du vocabulaire, c'est pourquoi, au demeurant, le *Discours* circulait, à l'époque, sous le titre de *Contr'Un*. Se donnant explicitement pour une violente critique du pouvoir de l'Un, le *Discours*, sous ce rapport, emploie le vocabulaire courant de l'époque propre aux ennemis de la tyrannie. Le type de gouvernement critiqué par La Boétie est celui que défendait déjà Thomas d'Aquin qui tirait du « gouvernement du monde » par un dieu unique le modèle et la justification de la domination de l'« Un » sur le « Multiple ». Et la « multitude », signe évident du malin, n'est désignée alors que comme ce qui est opposé à l'*Un*, indice pertinent du bien. C'est contre cette *tradition de l'Un* que, à un premier degré, s'insurge violemment La Boétie. Or, l'*Un* tyrannique dont il s'agit, est pensé par l'ami de Montaigne comme la capacité de se jouer de la nature : « Ils prennent pour leur nature l'état de leur naissance ».

Du coup, l'impensable — la servitude volontaire — devient pensable, et cela grâce à la nature dédoublée. D'un côté la liberté s'atteste de la mère nature, mais l'accoutumance à bien servir le maître prend chez l'esclave des allures de liberté. Ce qui jette une lumière décisive sur l'autre côté des choses : l'essence de l'« opiniâtre volonté de servir ». Servir est une ruse du prince passé maître dans l'art de « sucrer la servitude » au point que la liberté naturelle (celle qui est bien visible chez la bête) cède le pas à une seconde nature, assez puissante celle-là pour faire oublier la première : « Le naturel de l'homme est bien d'être franc et de le vouloir être ; mais aussi sa nature est telle que, naturellement, il tient le pli que la nourriture lui donne... Ainsi la première raison de la servitude volontaire, c'est la coutume, comme les plus braves courtauds qui au commencement mordent le frein, et puis s'en jouent » (p. 90).

Trois conséquences s'imposent : d'abord, le grand nombre, s'il reste assujetti à l'*Un*, par volonté de servir, cette volonté n'est *pas* ce qui le constitue et, pour la plus grande part, elle ne lui appartient pas *en propre*. C'est un malentendu fâcheusement répandu par la chronique qui fait de La Boétie quelque chose comme le tenant d'une tradition de pensée pour laquelle « le peuple » est lâche et par nature servile. Ensuite, la soumission étant volontaire, au sens qu'on vient de dire, il n'y a pas lieu d'attendre du grand nombre un abandon de cette volonté. Entre l'*Un* qui domine et le grand nombre dominé s'intercale un petit nombre, « quelques-uns », dit La Boétie, qui se reconnaissent et chez qui la « liberté naturelle » est encore en mémoire. Ceux-là écrivent des livres et haïssent la tyrannie. Enfin, ultime conséquence, se plaçant du côté du grand nombre contre la tyrannie d'un seul, le petit nombre, au premier rang duquel figure La Boétie, connaît le vrai ressort de la tyrannie. Si le peuple se maintient en servitude, c'est qu'il y est maintenu : *l'Un, précisément, n'est jamais seul*.

Les « maquereaux » du prince

« Toujours il a été, que cinq ou six ont eu l'œil du tyran, constate La Boétie, et s'y sont approchés d'eux-mêmes, ou bien ont été appelés par lui, pour être les complices de ses cruautés, les compagnons de ses plaisirs, maquereaux de ses voluptés, et communs aux biens de ses pillages » (p. 91). C'est ici que se tient le tournant décisif de tout le *Discours*, passage qui en livre le sens : derrière l'*Un*, tyran manifeste, monarque absolu et *visible*, dictateur ou despote, il y a en profondeur la *puissance* de ce que la personne du prince à la fois dissimule et rend évident, il y a la *toute puissance d'État*. L'*Un* (qui n'est pas seul) c'est l'État.

Qu'est-ce que l'État, se demande La Boétie ou encore : qu'est-ce que la domination politique, domination nominale d'un seul ou de plusieurs ? Dominer, c'est bâtir l'État, autrement dit une pyramide de servitude et de dépendance où chacun se croyant le maître est l'esclave d'un autre. L'assimilation au chef, la transparence au prince, sont les moyens grâce auxquels chacun prend sur soi de s'ériger en maître de son voisin. *L'illusion de la maîtrise*, telle est la source et le fondement de la « servitude volontaire » pour laquelle, sous le tyran ultime, et de proche en proche, l'illusion de commander fait de tous et de chacun des petits chefs serviles, à la dévotion du chef suprême, *s'identifiant* à lui, « jusqu'à être sous le grand tyran tyranneaux eux-mêmes ».

On voit pourquoi maintenant, avec une clarté suffisante, La Boétie écarte d'emblée au début du *Discours* la question « tant débattue » du meilleur régime : c'est que la critique du pouvoir d'un seul est le *support* de la critique jamais égalée ailleurs du *pouvoir en soi*.

JEAN BODIN

1529/30 - 1596

Les Six Livres de la République [1]

1576

Le concept fondamental de l'État moderne est le concept de souveraineté : c'est Jean Bodin qui, dans les *Six Livres de la République*, en donne la première formulation systématique.

Une révolution théorique

Machiavel avait formulé le problème politique en terme de *pouvoir d'État* : il revient à Bodin de conceptualiser ce pouvoir comme « puissance souveraine ». Le problème théorique que Bodin se donne à résoudre est de définir exhaustivement la puissance par sa « souveraineté ». Définir le pouvoir — ou, mieux, la puissance, par la souveraineté, établir la nature et l'étendue de la *souveraineté* de la puissance dans l'État, tel est l'objet de l'immense œuvre de Bodin, immense dans tous les sens du mot.

A suivre Bodin à la lettre, il écrit sa *République* contre

1. Édition de Paris, 1583. Réimpression Scientia Verlag Aalen, Darmstadt, 1977.

le Florentin. Déjà, l'auteur du *Prince* avait mauvaise réputation : on lui supposait alors, comme aujourd'hui d'ailleurs, d'avoir écrit avec *Le Prince* une apologie pour un tyran. Bodin affecte d'être de ceux-là. En effet, l'auteur des *Six Livres* se fait l'artisan d'un néo-platonisme en politique et la monarchie royale qu'il retient au nombre des régimes comme étant le plus juste procède d'un *ordre* fondé sur la « justice harmonique », antique idée platonicienne.

S'arrêter là dans l'opposition de l'Angevin et du Florentin serait manquer la considérable révolution théorique annoncée par la toute première ligne de l'ouvrage : « République, écrit Bodin, est un droit gouvernement de plusieurs ménages, et de ce qui leur est commun avec puissance souveraine ». La République — *res publica* —, c'est-à-dire l'État, se définit par la souveraineté. Celle-ci est la définition de l'État, et point du tout, comme on le dit parfois, un simple caractère, une simple qualification de la « puissance ». Et c'est précisément ici que se trouve ce qui à la fois rapproche et sépare Bodin de Machiavel. La « souveraineté » à peine nommée par Machiavel est, chez l'auteur du *Prince* et des *Discours*, le caractère d'une puissance non vassale. Au contraire, chez Bodin, la souveraineté ne se rapporte nullement au souverain (quel qu'il soit) mais à l'*État* — ou « République ». En revanche, Bodin pense son objet à l'intérieur d'un espace théorique ouvert par Machiavel : celui de la structuration d'une *unité étatique* par l'action volontaire des hommes. Quelles que soient ses protestations, Bodin est pour ainsi dire contraint de penser la politique selon un dispositif théorique mis en place par Machiavel — et ce dispositif, réfléchi par Machiavel comme « pouvoir », sera profondément pensé par Bodin comme *puissance souveraine*.

La révolution théorique introduite par Bodin est donc immense : elle définit une fois pour toutes, à l'époque dite « moderne », la condition, jamais contestée depuis par aucun des penseurs de la modernité, grâce à laquelle un État *est* un État ; or, cette condition *a priori* de la république moderne est l'existence d'une puissance souveraine. Disons donc, avec Bodin, qu'il y a État si, et seulement si, la puissance qui s'y exerce est souveraine :

la souveraineté est le *concept politique* de l'État, sa définition même. Bodin est le premier à penser l'État en terme de « souveraineté » ; on l'a dit, aucun penseur ne remettra en question ce principe fondamental de la politique moderne — *depuis* Les Six Livres de la République, *penser la politique, c'est penser la souveraineté*.

Que la république ou État soit une *communauté*, c'est ce que la pensée antique et médiévale savait déjà ; que cette communauté soit structurée par une puissance souveraine qui en assure l'unité et la cohésion, c'est ce qui est radicalement nouveau. Si la souveraineté est la définition de l'État, elle est le fait du prince : c'est ce qui se conquiert. Ce qui nous ramène à nouveau à Machiavel, pour comprendre Bodin.

Machiavel avait en vue l'idée de la puissance souveraine puisque le prince fondateur est le sujet du pouvoir. L'idée « machiavélique » est justement de comprendre le pouvoir comme stratégie du prince. Le pouvoir est ce qui se prend et se conserve ; une proposition issue de Machiavel et que Bodin reprend à son compte : « La conservation des Royaumes et empires, et de tous peuples, dépend, après Dieu, des bons princes et sages gouverneurs » (Préface). Autrement dit, si l'État est structuré par la souveraineté, au point de n'exister en tant qu'État que par elle, c'est encore en maintenant le principe de souveraineté que l'État constitué peut durer et se maintenir.

La souveraineté (1) distinction État/gouvernement

La notion de souveraineté, telle que la pense Bodin, repose sur une distinction capitale, dont Bodin revendique avec raison à maintes reprises la totale nouveauté, entre « souverain » et « magistrat ». C'est la distinction entre État et gouvernement. Une telle distinction, qui est le propre de l'État « moderne » (entendu comme système d'institutions), procède d'une distinction théorique interne au concept de souveraineté. Bodin distingue le principe de souveraineté et l'exercice de la souveraineté ; il distingue la souveraineté en tant que principe ou « définition » (de l'État-république), de la souveraineté en tant qu'elle s'exerce, c'est-à-dire en tant que son principe passe dans les choses.

La souveraineté qui est « définition » de l'État est donc aussi son fondement, en sorte que la mise en œuvre de la souveraineté — le pouvoir qui s'exerce réellement — est le gouvernement.

Cette distinction État/gouvernement n'est évidemment pas une distinction entre deux souverainetés — ce qui serait, bien entendu, un non-sens. La souveraineté est *une*, et la république qu'elle définit comme telle est « une » et « indivisible ». Le mot est de Bodin. C'est plutôt dans l'*unité* d'un principe d'ordre — puissance souveraine — et de son exercice comme pouvoir que réside la nouveauté théorique de la distinction État/gouvernement.

Qu'est-ce donc qui différencie les deux ? La question revient à celle-ci : qu'est-ce qui différencie la puissance considérée comme principe, de la puissance considérée dans son exercice réel ? Autrement dit encore, qu'est-ce donc qui distingue la « souveraineté » envisagée comme définition de l'État-république de la « souveraineté » envisagée comme modalité de gouvernement ? La différence, dit Bodin, différence qui est constitutive du concept même de souveraineté, réside dans le fait que la souveraineté relativement à l'État est « puissance perpétuelle », alors que, relativement au gouvernement, elle n'est qu'un pouvoir qui ne s'exerce que pour un temps fini et déterminé.

Le *souverain* — qu'il soit monarque ou peuple, selon Bodin — possède la souveraineté, ou plutôt en détient le principe et l'incarne sans limitation de temps — d'où son caractère « perpétuel », comme dit Bodin. Au contraire, le gouvernement — « gouvernants » ou « magistrats » — sont commis pour un temps, et pour un temps seulement, à l'exercice de la volonté souveraine. Le souverain, on le voit, n'exerce pas la souveraineté, il commet des « ministres », pour le temps qu'il lui plaira, à un tel exercice. « J'ai dit que cette puissance est perpétuelle, écrit Bodin, parce qu'il se peut faire qu'on donne puissance absolue à un, ou plusieurs à certain temps, lequel expiré, ils ne sont plus rien que sujets » **(I,IX)**.

On constate que le souverain est l'*auteur* de la volonté,

il est celui (un seul individu, quelques-uns ou tous) en qui réside la capacité de désigner pour un temps les « magistrats » en charge d'exécuter sa volonté. Or, c'est l'*État* ou République dont le principe vital est incarné dans le souverain (roi, peuple, etc.) qui, ainsi, se perpétue par le moyen des « magistrats » (les gouvernants) qui se succèdent dans la charge d'exercer la souveraineté.

Il est donc de l'essence (définition) de la « souveraine puissance » d'être *perpétuelle* précisément parce qu'elle s'exerce réellement dans la forme d'un pouvoir dont le propre est de durer temporairement. Le souverain demeure inchangé et perpétuel — et par lui l'État-république dont il est le corps visible — au travers des modifications et des changements de « gouvernements ». Tel est le principe du pouvoir moderne, tel qu'il existe dans l'État.

La souveraineté (2) loi et droit

Demandons-nous, maintenant, de quoi le gouvernement est le mandataire. Puisque, selon Bodin, le corps des « magistrats » ou gouvernement est mandataire du souverain (magistrats et ministres sont des « commis »), qu'est-ce donc qui fait l'objet de ce « mandat » ou « commission » ? C'est non pas la volonté, ou puissance de vouloir qui est la souveraineté même, mais la capacité ou pouvoir de faire passer la volonté souveraine dans les choses. Non la volonté dont aucun souverain ne saurait se défaire sans se détruire comme souverain, mais le pouvoir d'agir au nom de cette volonté même. Le souverain est celui qui veut, et lui seul possède la puissance de vouloir, et il la possède perpétuellement. Le gouvernement, au contraire, est commis par le souverain lui-même, à l'exécution de sa volonté, et il ne l'est que « pour un temps », dit Bodin. On perçoit, dès lors, que l'enjeu de ce mandat est la *loi*. Car la loi est l'effet de la volonté du souverain — que celui-ci soit monarque ou peuple.

Cette conception — la loi comme effet de la volonté *humaine*, celle du souverain, et non plus de la volonté divine ou d'une disposition de la nature — caractérise en propre la conception que les Modernes se font de la loi. La *liaison de la loi à la volonté* est propre à la problématique de la souveraineté. Elle signifie un renversement complet des conceptions antiques et médiévales du *juste*. Bodin en est conscient, qui écrit : « Mais il y a bien différence entre le droit et la loi. L'un n'emporte rien que l'équité : la loi emporte le commandement, car la loi n'est autre que le commandement du souverain usant de sa puissance » **(I,IX)**. Cette idée — la loi réduite à la puissance souveraine en acte, c'est-à-dire la loi comme pouvoir — est une caractéristique essentielle de la politique moderne. Elle exclut la transcendance de toute « loi naturelle » dont il est certes possible de se réclamer — mais seulement verbalement. C'est pourquoi le juste ne sera plus, dans cette perspective, une norme ou une valeur issue de la volonté divine ou lisible et discernable dans la nature, mais au contraire, le juste résultera des dispositions de la loi positive. Le *juste*, qui est le droit (« équité » dit Bodin), est exprimé par la loi. Ce qui revient à faire du droit (*juste* ou *équité*) un effet de la loi, autrement dit un effet de la *volonté du souverain*.

Bien que cette conception révolutionnaire de la loi et de son rapport au droit ne soit pas le fait de Bodin seul (c'est déjà la conception de Marsile de Padoue), il importait de lui donner une *forme politique achevée* ; c'est chose faite avec la théorie de la « souveraineté ».

Observons enfin que Bodin prend soin de tempérer formellement (ou plutôt verbalement) la volonté souveraine entendue comme origine de la loi. En effet, il déclare que la toute puissance du souverain est limitée par la soumission de sa volonté aux lois de nature ou divines : « Il faut, dit-il, que la loi du Prince soit faite au modèle de la loi de Dieu » **(I,VIII)**. C'est là, cependant, une limitation toute formelle. Plutôt, en effet, de soumettre réellement la volonté souveraine aux dispositions connaissables de la loi naturelle, la fonction de cette apparente soumission est d'affirmer que les lois du souverain valent *comme* lois naturelles et divines ; il y a donc lieu de s'y soumettre. Il en serait autrement si la loi positive du souverain pouvait être mise en contradiction avec ces lois divines ou naturelles, si la volonté souveraine pouvait être arrêtée. Ce qui est une absurdité dans les termes. Seul en effet le souverain lui-même est juge de la conformité de sa volonté avec la « loi de Dieu », qu'il est seul à interpréter. Il en est d'ailleurs de même en ce qui concerne les *coutumes* dont la « force », dit Bodin, « gît au pouvoir du Prince souverain » ; lui seul apprécie s'il y a lieu de maintenir la force de la coutume.

Cette doctrine de la toute-puissance du souverain — et de sa volonté — est, au reste, en parfaite conformité avec la doctrine fondamentale de la souveraineté dont elle n'est que la conséquence. C'est ainsi que Bodin affirme que, *par définition* même, le souverain n'est pas tenu au respect de sa propre loi, car il n'est pas soumis, « par nature », dit-il, aux décrets de sa propre volonté : ce qu'il veut et fait, il peut cesser de le vouloir ; il peut donc le défaire et lui seul le peut : « Si donc le Prince souverain, écrit-il, est exempt des lois de ses prédécesseurs, beaucoup moins serait-il tenu aux lois et ordonnances qu'il fait : car on peut bien recevoir loi d'autrui, mais il est impossible par nature de se donner loi non plus que commander à soi-même chose qui dépende de la volonté » **(I, IX)**.

La question de l'absolutisme

On touche ici à l'essence de l'absolutisme, qui sera l'absolutisme de la monarchie. Mais il ne s'agit pas, pour autant, de tyrannie. La première phrase de l'immense ouvrage de Bodin commence par ces mots que nous rappelions au début : « République est un *droit* gouvernement... ». Il s'agit, pour Bodin, de penser le gouvernement du droit, ou si l'on préfère, le *gouvernement par le droit*. La norme du droit est la norme du gouvernement, car en effet, le souverain ne gouverne pas ; nous avons vu, au contraire, que sa volonté s'exerce par le moyen d'une « commission » faite à des « magistrats » qui ont, dès lors, pour tâche de faire passer sa volonté dans les choses.

Autrement dit, le principe de la formule « moderne » de *l'État de droit* vient d'être inventé par Bodin grâce à son concept de souveraineté. L'*État de droit* est, dans son principe, le gouvernement des choses particulières selon la norme du droit. C'est ce qui se passe selon le système de la souveraineté établi par Bodin : le *gouvernement*, au sens bodinien strict de ce mot (sinon la notion d'État de droit n'aurait qu'une signification *idéologique*) gouverne les hommes conformément à la *règle d'équité* déterminée par le souverain quant à sa forme, son étendue et sa durée.

L'État de droit n'est donc absolument pas dépendant d'une limitation du « pouvoir » absolu du souverain par une prétendue loi naturelle qui viendrait le limiter de l'intérieur ou de l'extérieur, mais bien au contraire par la volonté de plier l'action des gouvernants — c'est-à-dire de *limiter leur pouvoir* en étendue et en durée — à la norme juridique édictée par le souverain. Or, pour ce qui est de l'établissement de cette *règle d'équité*, le souverain est seul et unique juge : d'où sa *souveraineté*. A parler rigoureusement, l'État de droit n'est rien que l'État de souveraineté.

On voit que la question cruciale est alors celle-ci : l'équité procède-t-elle de la volonté du *monarque-souverain* ou du *peuple-souverain* ? La réponse à cette question, dont Bodin formule les termes, nourrit l'histoire politique des Modernes.

IV

LES MODERNES

HUGO GROTIUS
1583-1645

Du Droit de la guerre et de la paix [1]
1625

L'auteur du volumineux traité *Du Droit de la guerre et de la paix* n'est pas un pacifiste. L'objet de l'ouvrage n'est pas de proclamer la supériorité — politique et morale — de la paix sur la guerre, c'est de montrer en quoi et sous quel rapport la guerre est sanctionnée par le droit. Il s'agit en ce sens d'un traité juridique bien plus que d'une réflexion politique. Mais, pour autant, le point de vue politique n'est pas absent de l'œuvre : Grotius s'y emploie à définir juridiquement le problème politique qui, pour lui, est celui de la *souveraineté*. C'est parce que Grotius est juriste plus que politique que son ouvrage se donne comme un traité du *droit* de la guerre et de la paix.

Avec lui s'inaugure en système rigoureux et démonstratif la moderne conception du « droit politique ». (Rousseau sous-titrera son grand livre « *Principes du droit politique* » que, précisément, il opposera à Grotius accusé par lui d'être un « sophiste payé »). Mais cette inauguration porte, comme on vient de le dire, sur la systématisation ; c'est un *corpus* juridico-politique que construit Grotius. C'est dire qu'il met en forme un édifice à bien des égards déjà

1. Trad. Pradié-Fodéré, Guillaumin, 3 vol., Paris, 1865.

conceptualisé par l'*individualisme* et le *nominalisme* de Guillaume d'Occam au XIVe siècle.

En ce sens, l'œuvre de Grotius est déterminante, le droit politique moderne — renaissance d'un droit naturel *contre* le néo-classicisme de Thomas d'Aquin — est pensé autour de trois thèmes fondamentaux : le sujet, la souveraineté, et la règle morale.

Le sujet

Le droit (*Jus*) est défini par Grotius comme la qualité d'une « personne » moralement autorisée à posséder un bien ou à faire une action. Le droit est donc par essence rapporté à un *sujet* qui en est l'auteur selon deux conditions : d'abord que ce sujet soit conçu comme sujet volontaire : le droit comme effet de la volonté subjective ; ensuite que le droit ainsi fondé soit porteur d'une obligation. Le droit au sens strict est alors compris par Grotius comme la puissance d'un sujet qui veut, or, la première puissance est la propriété. Le *sujet* est d'abord un propriétaire, sujet de droit.

C'est cette *problématique juridique* qui gouverne la mise en place par Grotius du droit politique moderne. L'importance de ce point mérite d'être soulignée : si désormais le domaine de la politique est mêlé à celui du juridique, c'est parce que l'autorité de l'État, que Grotius pense à la suite de Bodin comme autorité souveraine, n'a affaire qu'à des *sujets*, c'est-à-dire à des individus, définis une fois pour toutes comme *sujets de droit*. La souveraineté de l'État est l'instance qui autorise l'individu à agir et à posséder, autrement dit qui énonce les limites dans lesquelles telle personne a le droit de s'approprier et/ou d'agir. Mais cette mise en perspective de l'individu-sujet par le droit, on ne doit pas l'entendre comme assignation d'un statut seulement juridique à la personne. Un tel « sujet » recouvre aussi le domaine politique puisque le principe de souveraineté du prince (de l'État) est au fondement de toute obligation.

On voit donc en effet, se constituer avec Grotius, et sa

définition du sujet, l'implication du droit dans le pouvoir d'État, l'infléchissement de la sphère juridique dans la sphère politique. Après Machiavel et Bodin, Grotius établit de la sorte, définitivement, les bases de la théorie de la souveraineté sur les ruines de la pensée médiévale. Après lui, le terrain sera prêt pour la grande construction de Hobbes dans le *Léviathan*.

On pourrait dire que, avec le traité *Du Droit de la guerre et de la paix*, la transformation de la pensée politique s'opère en passant d'une théorie politique à une théorie du *droit* politique. Ce passage ne va pas sans la mise en place d'une anthropologie sous-jacente dont, on l'a vu, le *sujet* est le centre. Dans cette anthropologie juridico-politique, la totalité est ordonnée au sujet qui la fonde. Conséquence : *penser politiquement l'homme en* communauté *c'est le concevoir comme* individualité *soumise au droit*. Mais une telle soumission au droit est, pour Grotius, ce qui permet la distinction entre le juste et l'injuste : « Ce mot *droit*, écrit-il, ne signifie autre chose ici que ce qui est juste, et cela dans un sens plutôt négatif qu'affirmatif, de sorte que le droit est ce qui n'est pas injuste. Or, ce qui est injuste c'est ce qui répugne à la nature de la société des êtres de raison » (I, I, § 3 [1]).

Que cette anthropologie se donne à voir dans un ouvrage sur la guerre et la paix n'a rien qui doive heurter notre entendement « moderne » : la guerre peut être juste. Elle n'est pas en soi condamnable, il suffit seulement de la légaliser, ce qui est la rendre conforme au droit, c'est-à-dire à une certaine idée de l'« humanité », idée que Grotius n'invente pas (nous le verrons plus bas), mais qu'il fait servir à sa conception du droit politique.

Propriété et souveraineté

La codification du droit comme puissance du sujet trouve son accomplissement dans la propriété. Le sujet, disions-nous, est d'abord un propriétaire. On peut prendre ici le terme de puissance en deux sens : comme pouvoir en acte et comme potentialité. La propriété, en effet, c'est le droit que j'ai d'acquérir un bien, de sorte qu'elle est d'abord ce *droit* qu'acquérir. C'est parce que la propriété est un droit que je peux, *moralement,* devenir un propriétaire. Elle est donc un droit subjectif éminent, dont Grotius dresse le catalogue et les modalités dans les quatre premiers chapitres du *Livre II.*

Il y a chez Grotius une prééminence du droit de propriété sur l'acte d'appropriation : l'acte de se rendre propriétaire suppose la définition juridique du droit de propriété comme puissance du sujet. Cette distinction est essentielle car elle intéresse l'*origine* institutionnelle de la propriété : celle-ci suppose un *accord commun des volontés*, autrement dit un quasi-contrat. « Comment les choses sont devenues des propriétés, s'interroge Grotius ?... ce fut le résultat d'une convention soit expresse, au moyen d'un partage, par exemple, soit tacite, au moyen, par exemple, d'une occupation » (**II**, II, § 3).

Dans le *Droit de la guerre et de la paix*, le droit politique moderne comme théorie juridique de l'ordre social se systématise comme *individualisme possessif*. Grotius ne voit nul empêchement à ce que d'une part la propriété soit définie comme qualité d'un sujet de droit, et que, d'autre part, elle ait *aussi* une dimension sociale qu'on peut percevoir dans la « convention » qui l'institue, celle-ci fût-elle une simple présomption de bon sens, voire un axiome sans lequel la société ne serait pas, elle, pensable. Quoi qu'il en soit, un fait demeure, c'est que du sujet à la société, pour Grotius, la conséquence est nécessaire, pourvu que le lien de l'un à l'autre terme soit la propriété.

C'est à partir de cette théorie de la propriété que Grotius élabore sa propre conception juridique de la souveraineté. Il y a, selon lui, trois dimensions de la souveraineté, trois caractères qui la définissent, tous trois déduits de la théorie de la propriété.

D'abord, la souveraineté est un *bien* que le Prince s'approprie. Il y a un droit de souveraineté comme il y a un droit de propriété, le *souverain est un propriétaire*. « Il faut distinguer, dit-il, la souveraineté d'avec la plénitude du droit de la posséder » (**I**, III, § 14). La souveraineté, on le voit, est donc un bien qu'un sujet volontaire possède et qui se transmet comme toute autre propriété, par héritage. Observons au passage que c'est seulement à l'intérieur d'une telle problématique que la question de la « légitimité » prend tout son sens : un souverain sera dit *légitime* s'il a le *droit* de posséder la souveraineté. C'est uniquement en référence à cette conception que se pose proprement un problème de « légitimité ».

Ainsi donc, la souveraineté est une *chose,* un bien susceptible d'appropriation de la part, dit-il, d'un « sujet commun » — l'État. On voit qu'elle n'est pas tant le concept du prince (de son pouvoir) que son *domaine* propre ; la souveraineté est le *bien* de l'État, c'est-à-dire d'un « sujet ». Alors que Machiavel définissait le pouvoir d'État comme ce qui s'acquiert par la conquête, Grotius le pense comme ce qui s'*acquiert* par l'appropriation ; celle-ci peut d'ailleurs s'effectuer par la guerre : « On peut acquérir, dit-il, dans une guerre légitime des biens appartenant à des particuliers » (I, III, § 10).

Le second caractère essentiel de la souveraineté est nécessairement dérivé du premier : puisque la souveraineté ou « propriété civile » est un bien, son propriétaire peut, en droit, aliéner ce bien. Il en est de la propriété civile comme de toute autre chose, on peut s'en séparer.

Enfin, puisque la souveraineté est une propriété, propriété du *droit* de gouverner, la relation de l'individu au souverain, ou plutôt de l'individu au *sujet* de la souveraineté (l'État) est une relation d'*appartenance*.

A la question de savoir si un citoyen peut se séparer de l'État (cf. *Livre II*, chap. V, § 24), Grotius répond que cela est possible, mais à la condition expresse que cela n'entrave pas la sécurité de l'État (autrement dit la propriété du souverain) ou son bien être économique.

La moralité

Ce qui distingue une association de brigands ou de pirates d'un État, c'est que les premiers se réunissent en vue du crime, alors que dans le second, les hommes sont liés en vue de « jouir du droit ». Cette opposition entre une agrégation de brigands et une communauté d'hommes est déjà présente chez Bodin qui en dérive sa conception de la *souveraineté* comme définition de la « république » (c'est sur cette distinction que s'ouvre l'ouvrage de Bodin). Cependant, Grotius observe et c'est même la motivation profonde de tout son ouvrage, que dans l'État, la vie en communauté n'est pas exempte de troubles, de conflits, de crimes et de guerres. Les cas de violation du droit et de la justice ne sont pas rares, et la *violence* n'est pas exclue de la vie politique par le seul fait de l'existence de la société civile. Il s'en faut de beaucoup que, malgré cette violence, une bande de pirates ait quoi que ce soit de commun avec un *peuple*. Les hommes diffèrent en ceci des brigands qu'ils sont naturellement conduits par un devoir de sociabilité. Les hommes désirent la société et c'est ce *désir* qui rend possible la vie politique et sociale. Aussi, la construction du sujet de droit qui occupe tout le traité apparaît-elle comme la *sanction juridique* du désir de sociabilité. L'idée stoïcienne de l'« humanité » est mobilisée au service du droit subjectif. En effet, le maître, ici, de Grotius, c'est Cicéron auquel il fait sans cesse référence. Le traité *Du Droit de la guerre et de la paix* est le réajustement de l'anthropologie cicéronienne, son interprétation dans le cadre de la souveraineté moderne.

Il s'agit moins cependant chez Grotius de la moralisation d'un droit que d'une mise en forme juridique de la règle morale. L'impératif moral enseigne, c'est-à-dire *oblige*, au sujet de s'abstenir absolument du bien d'autrui, de respecter les contrats et la parole donnée et de réparer les dommages causés. Or, ces trois figures de l'impératif moral sont les trois règles qui *régissent le droit de propriété dans son usage pratique* (cf. *Livre II*, chap. III, XII, XVII). Si donc le droit — et par conséquent le *juste* — chez Grotius est tout entier contenu dans des règles, c'est seulement qu'il est suspendu précisément aux règles morales issues du stoïcisme et dont il est l'expression juridique. Le droit ne procède donc pas de ce qui est, mais impose par ses règles ce qui *doit* être.

Le droit politique est maintenant bien né (ce que Rousseau contestera) mais loin encore d'être constitué.

Pour cela il faudra attendre Rousseau, précisément. En tout cas, chez Grotius, il assume déjà l'héritage individualiste et prendra bientôt une teinte plus « libérale ».

THOMAS HOBBES
1588-1679

Léviathan [1]

Traité de la matière, de la forme et du pouvoir de la République ecclésiastique et civile
1651

La politique de Hobbes est tout entière traversée par cette idée initiale que la *peur de la mort* est à l'origine de la communauté politique. Pour Hobbes, la peur, est la passion première des hommes. L'État — que Hobbes nomme « Léviathan » — est institué pour écarter la mort violente : c'est là sa justification première et dernière. Il y aura lieu, alors, de *distinguer le droit de la loi*, cette distinction fondant l'obéissance au « souverain d'institution ». Après Machiavel qui achève le processus de laïcisation de la politique, après Bodin qui élabore le concept fondateur de souveraineté, Hobbes apparaît comme l'organisateur d'une nouvelle science de la chose politique et *Léviathan* doit être tenu pour le premier exposé systématique de la *philosophie de l'État* propre aux « Modernes ».

1. Trad. F. Tricaud, Paris, Sirey, 1971.

La peur de la mort

L'*état de nature* est le lieu de la guerre de tous contre tous. Pour rendre intelligible cette proposition de Hobbes, proposition qu'on doit bien se garder de tenir pour contingente ou anecdotique, il faut se référer d'abord à l'*anthropologie générale* qui la soutient. Pour Hobbes, l'homme est un être de désir, mieux, il *est* désir. Acquérir de l'ascendant sur autrui, c'est-à-dire du pouvoir, tel est le désir fondamental qui anime tout homme. Un pouvoir étant acquis sur une chose ou sur un homme, un pouvoir supérieur est alors désiré. Acquérir pouvoir après pouvoir est le lot des individus ; et seule la mort met un terme à cette passion.

C'est à partir de cette conception de l'homme comme être de désir et comme étant en proie à la *passion de la puissance* que doit s'entendre la description de la « condition naturelle du genre humain » dans *Léviathan*.

La *nature* est le lieu de l'égalité, et c'est cette égalité fondamentale, par laquelle chacun *peut* désirer ce que bon lui semble qui est la cause de la guerre généralisée. En effet, si chacun fait ce qu'il peut faire, obtient ce qu'il désire, il ne se peut pas qu'un désir ne rencontre un autre désir. En ce sens, la condition naturelle de l'homme — qui coïncide avec sa définition — est pour Hobbes d'être condamné à désirer le désir d'un autre. Puisqu'il n'y a pas, en droit comme en fait, de limite assignable à l'étendue de mon désir, il est dès lors inévitable *que la lutte soit le statut de l'égalité, la guerre étant le statut de la nature elle-même.*

Cette idée est absolument fondamentale car elle entraîne avec elle des conséquences telles que le problème politique s'en trouve considérablement renouvelé quant à sa formulation théorique. Tout d'abord, la *paix*, ce bien le plus précieux, n'est pas un moment de l'histoire humaine définissable positivement : il faut d'abord définir la guerre. Celle-ci ne consiste pas dans la bataille effective ; elle est plutôt une tendance, une disposition de la nature humaine, disposition procédant du désir de puissance. Aussi la paix n'est-elle que la suspension de la guerre, elle n'est, pour

Hobbes, que le moment provisoire et fugace de suspension de la guerre effective. Elle n'est qu'une simple négation. Rendre la paix positivement pensable et historiquement réelle est le projet politique de *Léviathan*.

Ce point conduit ensuite à reconsidérer le statut de la politique elle-même : la *politique* est déjà présente dans l'état de nature en ce sens que ce dernier se présente comme une lutte à mort qui a sa raison dans le désir de subsister, dans la liberté que possède tout homme, par nature, d'agir en vue de la conservation de son corps, c'est-à-dire de sa vie. Mais on voit que si la conservation de soi, *loi éminemment naturelle*, conduit à la perte violente de la vie dans l'acte même de la défendre, il apparaîtra raisonnable aux hommes d'échapper à ce funeste état de nature. Il faudra se doter d'une *loi commune* voulue par tous et à laquelle chacun obéira car il y trouvera protection de sa vie et de ses biens et donc garantie de ses désirs. Seule une loi positive, artificielle et entièrement humaine car voulue par les hommes peut ainsi satisfaire à la loi de nature elle-même qui m'enjoint de me conserver dans l'être.

La « nature », sous l'aspect de l'état de nature, devient donc à son tour un moment négatif, quoique toujours premier, moment négatif car il lui manque *une* chose que sa seule description au niveau des passions suffit à rendre évidente : la loi commune. C'est cette *loi commune* et elle seule qui est capable de définir une norme du bien et du mal, du juste et de l'injuste, norme générale, pouvons-nous dire, de l'*équité*. Une telle norme n'existe absolument pas dans la nature qui ne connaît ni bien ni mal. La nature ne connaît que désir, c'est-à-dire force et puissance. Le désir et les autres passions humaines ne sont pas des péchés, dit Hobbes. Il n'y a faute — et par suite interdiction de la commettre — que si, et seulement si, une règle positive, admise par tous et imposée à tous, décide de ce qui est fautif et ne l'est pas, de ce qu'on *doit* faire et de ce qu'on ne *doit pas* faire.

Nature de la loi

L'existence selon la nature apparaît donc, *a contrario*, comme la nécessité de recourir à une autre *norme* que le désir et la puissance : c'est dans la vie *politique* que se résoudra la contradiction de la vie naturelle. Le remaniement du concept de la politique, chez Hobbes, consiste, on le voit, à remanier le concept de « nature ». Cette transformation s'opère en deux étapes.

La première consiste à distinguer *droit de nature* et *loi de nature* ; *jus naturale* et *lex naturalis* s'opposent comme, respectivement, la liberté s'oppose à la contrainte. Remarquons d'ailleurs que déjà Marsile de Padoue et Bodin avaient soigneusement distingué loi (contrainte) et droit (liberté ou équité). Hobbes va donner corps et constance à cette distinction capitale liée à la souveraineté. Mais il le fait en appliquant cette distinction au concept de « nature ». Ce que ne faisaient ni Marsile ni Bodin. C'est précisément cette application qui rend possible une théorie générale du pacte social, origine de l'état de société, théorie qui se développera jusque chez Rousseau en terme de « souveraineté du peuple ».

Quoi qu'il en soit, chez Hobbes le *droit de nature* est la liberté d'agir que possède tout individu en vue de la conservation de sa vie. Quant à la *loi de nature*, elle est un précepte de la raison par lequel il est interdit à quiconque de faire tout acte ayant pour effet de s'opposer à l'exercice de son droit de nature. C'est donc toujours de la *peur de la mort violente* que se déduit la distinction du droit et de la loi.

La seconde étape par laquelle le concept de *politique* se trouve redéfini vient en déduction de la première : l'*établissement d'un pacte social*. La première théorie moderne du contrat à partir de laquelle le droit naturel classique est évacué (qui soumettait la loi positive au *droit naturel* fondant de la sorte une politique par nature) trouve son principe dans la peur de la mort, passion première du genre humain. Au règne proprement mortel de la nature Hobbes substituera le règne pacifié de la politique — par le pacte.

Alors que la pensée politique grecque voyait dans la *nature* (*Phusis*) le lien rendant possible la communauté politique, Hobbes y voit sa négation. L'ordre de la nature est l'ordre des passions, des désirs libres ; « état de nature » qui est état de guerre ne pouvant, par définition, fonder un état politique c'est-à-dire un état de paix. C'est là une conséquence de la théorie de la *souveraineté* introduite au XVIe siècle. Alors qu'il s'agissait pour la pensée antique de vivre selon la nature, il s'agit maintenant, avec Hobbes, de penser la société politique non pas comme existant par nature (Aristote), mais comme résultant d'une *convention*.

Ainsi, ce que le pacte social va instituer sera d'abord un abandon : la mort est abandonnée à la nature. Mais cette négation de la mort ne sera possible qu'à la condition expresse que chacun renonce à son droit naturel, de telle sorte que de l'engagement pris mutuellement résulte une « personne » (individuelle ou collective) en laquelle reposera l'exercice de la souveraineté.

Il faut citer ici le texte fondateur de l'État, tel que le conçoit Hobbes, texte fondamental car marquant symboliquement le véritablement commencement de la philosophie politique moderne. Pour l'auteur de *Léviathan*, il s'agit d'énoncer la formule de l'institution de la souveraineté, formule de l'engagement contractuel, du pacte par lequel tous renoncent à se gouverner par eux-mêmes et s'en remettent au *souverain*, lequel, armé de la loi commune réalisera les dessins de la loi de nature : l'obligation qu'a tout individu de conserver sa vie. Le pacte liant les hommes entre eux d'abord, au souverain ensuite est, dit Hobbes, « plus qu'un consentement (*Consent*) ou un accord (*Concord*) ; il s'agit d'une véritable unité de tous les hommes en une seule et même personne, réalisée par convention de chacun avec chacun, de telle manière que c'est comme si chaque homme devait dire à tout homme : *J'autorise cet homme ou cette assemblée d'hommes, et je lui abandonne mon droit de me gouverner moi-même, à la condition que tu lui abandonnes ton droit et autorises toutes ses actions de la même manière*. Cela fait, la multitude, ainsi unie en une seule personne, est appelée un ÉTAT (*Common-wealth*), en latin CIVITAS. Telle est la naissance de ce grand LÉVIATHAN, ou plutôt (pour parler avec plus de déférence) de ce *dieu mortel*, auquel nous devons, sous le *dieu immortel*, notre paix et notre protection » (chap. XVII, trad. G.M.).

Cette institution *artificielle* de la souveraineté, par contrat ou convention, entraîne de la part des « sujets » l'obéissance totale à la « loi civile ». Hobbes entend par *loi civile* le corps des lois positives en vigueur dans l'État dont un individu quelconque est membre. C'est par la loi civile que la reconstruction du concept de nature et son application à la question de la puissance souveraine s'opèrent dans *Léviathan*. Cette application s'effectue par la *soumission de la loi naturelle au droit positif* du souverain, ou, pour le dire autrement, grâce à la *limitation de la liberté naturelle par la loi civile* ; c'est là la conséquence ultime de la peur de la mort. Cette soumission est la formulation théorique, juridico-politique, de la domination telle qu'elle est pratiquée par l'État moderne. Hobbes, de ce point de vue, a saisi l'essence du pouvoir d'État en sa version d'État souverain.

Le renversement des positions antique et médiévale du problème politique s'accompagne de la découverte d'une autre « nature » en laquelle Hobbes justifie l'obéissance à la loi civile. De la sorte, l'allégorie de « l'état de nature » achève de nous livrer son sens : dans l'État c'est, pour ainsi dire, la nature qui commande.

Léviathan reprend la théorie bodinienne de la souveraineté à la lumière de la conception moderne du droit naturel. En ce sens, Hobbes démontre que l'exercice de la puissance — domination du souverain et obéissance des sujets — se fait au nom d'une « nature » invoquée comme justification dernière. L'État lui-même, « dieu mortel » comme l'appelle Hobbes, est un être artificiel fruit de la raison des hommes — pur artifice imitant la nature, œuvre du dieu immortel. La théorie du pouvoir que développe *Léviathan*, crainte de la mort et obéissance à la loi, est la construction politique rationnelle de l'idée moderne de *nature*.

Le projet scientifique de Hobbes

La vaste et très puissante construction théorique de *Léviathan* ne touche pas exclusivement la politique. Ou plutôt, il ne s'agit pas ici d'une théorie nouvelle du

« gouvernement ». Le projet de Hobbes est infiniment plus général. Il s'agit de fonder une science politique de l'homme. Entendons par là que *Léviathan* prend la mesure de la révolution scientifique de son temps : galiléo-copernicienne.

Hobbes entend élaborer selon la démonstrativité des sciences vérifiables la science moderne de l'*homo politicus*. Pour ce faire, il part d'une science de l'humain, animal naturel, science dont l'axiome premier est que *l'homme est un corps*. Le point de départ de Hobbes est radicalement *matérialiste*. La révolution scientifique dont *Léviathan* administre les effets dans le domaine politique est essentiellement anti-aristotélicienne. La « nature » de Hobbes est celle de Galilée, elle est mathématisable ; elle est aussi celle de Descartes, elle est *matière* et *étendue*. Elle ne connaît point de fins. Ni téléologique, ni théologique, la nature hobbesienne ne procède pas selon des intentions révélées ou des desseins cachés que la raison des hommes aurait à percer. Elle est le lieu de *lois* que la mathématique énonce et vérifie. Cette nature n'est plus un obscur réseau de « causes finales », mais la réalité construite et connaissable selon des relations de cause à effet.

Il s'agit donc pour Hobbes d'établir les lois constitutives du *corps politique* sur le modèle exactement de la physique naissante qui établit, elle, les lois constitutives des corps en mouvement dans la « nature » physique. *Léviathan* doit ainsi être regardé comme la première tentative d'élaboration moderne d'une science de la politique dans le sens où Aristote élaborait, notamment dans ses *Politiques,* une science de la Cité propre à son temps et à son lieu. Hobbes, quant à lui, procède non par l'observation de la nature, comme le faisait Aristote (qui fonde ainsi, rappelons-le, la théorie du *droit naturel*), mais par la déduction des propriétés des corps politiques, déduction résultant elle-même de l'élaboration d'une science positive de l'homme, ou plutôt de l'*animal humain*. Car il ne s'agit pas de l'homme en général à propos duquel Hobbes s'abstient de tout jugement de valeur : l'homme n'est ni bon ni méchant, il n'est ni pécheur ni juste. *Il est un corps,* matière en mouvement, connaissable selon les causalités qui l'animent.

Fonder, ainsi que l'entreprend Hobbes dans *Léviathan,*

une science des corps politiques — la « philosophie politique » des Modernes — c'est donc déduire cette science des propriétés du *corps*. Du coup, le projet hobbesien d'élaboration d'une science politique, se substituant à la science aristotélicienne de l'homme politique « par nature », revient à établir les fondations d'une physique des corps politiques. Ce projet est considérable car il détermine encore la conception que nous nous faisons aujourd'hui de l'État — sa nature et sa fonction. Plus fondamentalement, il détermine notre *moralité*.

Bible : Livre historique, sujet à critiques.
significat° (transcendante) = postulat d'autorité
sens

BARUCH SPINOZA

1632-1677

Traité théologico-politique[1]

1670

Le *Traité théologico-politique* (TTP) est unique dans l'histoire de la pensée politique. Son opportunité tient à l'affirmation, inouïe à l'époque, que la Bible est un livre comparable à tout autre et, à ce titre, redevable de la « critique historique ». Conséquence de cette manière de voir : « Il doit être accordé à chacun de dire ce qu'il veut et de dire ce qu'il pense » (p. 336). Son objet théorique, et c'est, là encore, ce qui le singularise, c'est la critique de la domination au nom de la liberté dans l'État.

Critique de l'obéissance

Le *Livre VII* : De l'Interprétation de l'Écriture est la critique de toute explication d'objet qui ferait dépendre le sens de cet objet — ici l'Écriture — d'un *sens du sens* supérieur, donné par révélation. Le sens de la Bible est, comme pour tout autre ouvrage, ce que son texte signifie et rien d'autre : le postulat d'un sens sacré transcendant la signification textuelle n'est précisément, selon Spinoza,

1. Trad. Appuhn, Garnier-Flammarion, Paris, 1965.

qu'un postulat d'autorité — nul n'est contraint de s'y soumettre, et chacun peut y résister. L'interprétation s'oppose ainsi à la *définition* ou concept de l'objet, à sa connaissance ; alors que le concept et donc le statut *en vérité* de la chose lui est interne et, du coup, démontrable en raison, l'interprétation ou donation de sens est extérieure à l'objet et donc seulement appréhendable par révélation. Le sens est ce qui se révèle à certains, la connaissance, elle, est accessible à tous (même si tout le monde n'y accède pas).

La critique du texte biblique consiste donc avec Spinoza, qui inaugure de la sorte la critique philologique moderne des textes scripturaires, à soumettre le *récit* biblique à la critique *historique*. L'enquête historique, « histoire critique de l'Écriture », est seule à même de nous faire connaître la « pensée des prophètes » (p. 145). La connaissance de l'Écriture, autrement dit sa signification, doit donc, affirme Spinoza, être tirée de l'Écriture seule, non d'un sens imposé venu d'on ne sait où, sens qui dicterait sa signification au texte lui-même.

Si la « méthode historique » mobilisée par Spinoza ici est la seule *vraie*, c'est que la Bible est partie intégrante de la Nature, de sorte qu'elle ne peut prétendre à en donner le sens. Mais surtout, et cette conséquence est capitale, l'interprétation de l'Écriture, au contraire, dépend entièrement de l'interprétation de la nature. La *nature*, autrement dit l'universalité de ce qui est, n'est pas explicable par la Bible, c'est la Bible qui est explicable par la « nature ». Il s'agit, dit Spinoza, de « considérer la nature en historien » (p. 138).

En dégageant ainsi l'Écriture de sa *gangue mystique* on la rend à elle-même : Spinoza distingue absolument le domaine de la foi du domaine de la raison (deux ordres que Thomas d'Aquin s'était appliqué à confondre). On peut bien croire que Dieu a inspiré directement ou indirectement les prophètes, il reste, affirme Spinoza, que le *texte* biblique est susceptible d'une connaissance par raison — comme le reste de la nature. La conséquence politique de la séparation des deux ordres — croyance et raison — est évidente : « La foi n'exige pas tant la vérité que la piété et elle n'est pieuse et productrice de salut qu'à proportion de son obéissance » (p. 245). La foi, la croyance sont des principes d'autorité ; la raison est principe de libre examen. La critique par Spinoza de toute autorité — et donc de l'obéissance — fondée sur la soumission à une vérité révélée est décisive et le *Traité théologico-politique* découvre avec une puissance inconnue jusqu'alors les liens intimes existants entre le *théologique* et le *politique*. Théologie et philosophie, discours de la foi et de la raison, s'opposent comme la piété s'oppose à la vérité : « Nous concluons donc absolument, dit Spinoza, que ni l'Écriture ne doit se plier à la raison, ni la raison à l'Écriture. » La liaison établie entre politique et religion est pleinement pertinente si l'on considère l'objet de la théologie qui est de *rendre possible l'obéissance*. Le domaine de la raison est la « vérité », la production des connaissances ; celui de la théologie est la piété et l'obéissance. La foi en la révélation, et corrélativement en l'attribution d'un sens supra naturel à l'Écriture lui conférant son *sens naturel*, a une fonction d'obéissance et de soumission. Alors que l'analyse rationnelle de l'Écriture peut tout au plus nous aider à *aimer* Dieu, la révélation nous contraint à lui *obéir*.

Critique du droit naturel

Le droit naturel moderne, dont Hobbes est un bon représentant, fait reposer la légitimité de la puissance souveraine sur l'abandon volontaire par chaque individu de son droit naturel. Ce fondement du pouvoir est critiqué par Spinoza. La prise en charge de la « nécessité » par Machiavel que, seul entre beaucoup, Spinoza tient pour un héros de la liberté, trouve son épanouissement dans Spinoza. C'est à partir d'elle que le droit naturel se trouve disqualifié comme fondement possible de l'autorité.

Soit la définition du *droit naturel* de chaque homme : « Le droit naturel de chaque homme se définit donc non par la saine raison, mais par le désir et la puissance » (p. 262). Le « droit de nature souverain » comme dit Spinoza procède *aussi bien* de la raison que de la violence, du jugement de raison que de la force des passions : désirer un objet quelconque de la nature en vue de son utilité est le droit naturel de tout individu.

La toute-puissance de mon droit naturel, qui a sa source dans la permanence de mon désir constitutif de *conserver mon corps* et de me *maintenir en vie* est à elle-même sa propre limite. Ce qui abolit la distinction fondatrice du droit naturel moderne entre « état de nature » et état politique ou social. La tension existant entre les droits naturels — à l'état de nature comme à l'état de société — est rapport de force, rapport de puissance. Et donc, dans l'État institué, Spinoza déclare expressément que les individus qui conservent leur puissance (ou droit naturel de désirer l'*utile*) ne sont soumis au souverain que dans la mesure où celui-ci est plus puissant qu'eux. L'État est un rapport de puissance et ne dure que pour autant que la puissance de celui qui domine est plus forte que celle de ceux qui sont dominés. L'état de société (et l'État tout court) est, envisagé sous cet angle, un état de nature : chacun, selon ses moyens et sa position, cherche à augmenter sa puissance en vue d'obtenir ce qui est utile à sa vie et à la conservation de soi. Le souverain cherche à exercer sa puissance en vertu de son droit naturel et les sujets ensemble ou individuellement font de même. La *tension des puissances* est, de la sorte, constitutive de l'état social comme de l'état de nature pour la bonne raison, selon Spinoza, qu'elle est constitutive de l'ordre de la Nature entière. Autrement dit de tout ce qui *est*. La « continuation de l'état de nature » (Lettre 50) ou *permanence du droit naturel* ne doit pas être entendue comme permanence dans le temps, mais comme *structure* de la puissance ou du pouvoir. En effet, et c'est ce qui est décisif, la permanence du droit naturel ne renvoie pas à l'institution de l'État, mais à sa forme ou *définition* : ce n'est pas à l'histoire que Spinoza réfère l'État, mais à ce qui constitue sa puissance.

Si, d'un côté, l'existence selon les passions peut être dite existence dans l'état de nature, de l'autre côté, l'existence raisonnable n'est pas du tout exclusive des passions. Le prétendre serait abandonner la définition ou concept de l'individu : chaque homme a en vue ce qui est conforme à sa nature propre, ce qui lui est *utile*. De sorte que l'existence selon la « saine raison » n'est jamais que l'existence selon le droit naturel *bien compris.* La vie selon la raison est la vie (politique) selon la visée de l'accroissement de l'utile.

Il n'y a donc pas, *à proprement parler* de pacte social chez Spinoza. L'idée d'un pacte c'est l'abandon de mon droit à un tiers, en échange d'un bien quelconque que j'attends de lui. C'est justement un tel *abandon* qui est rendu impossible par la constitution interne de l'ordre de la nature. En aucun cas l'existence selon la raison (principe de l'utilité maximum) ne peut être déclarée absolument préférable, ou supérieure, à l'cxistence selon le désir et la passion. Que le *sage* en ait, quant à lui, la certitude parce qu'il en a la connaissance ne change rien à la « vérité de la chose » : car si le sage est convaincu qu'il est préférable de vivre raisonnablement (il *sait* qu'il est plus *utile* de vivre selon la raison), c'est seulement qu'il discerne là une meilleure garantie pour sa propre conservation. Il *sait* que la raison assure une meilleure augmentation de sa puissance ; mais ordinairement les hommes ne savent pas cela. Si bien que si le vulgaire n'a pas atteint cette sagesse, c'est qu'il trouve ailleurs ce qui convient le mieux à sa nature : « C'est une loi universelle de la nature que nul ne renonce à ce qu'il juge être bon » (p. 264). Quand donc Spinoza envisage la possibilité d'un pacte, c'est seulement dans le cadre de son utilité conjoncturelle. « De là, nous concluons, dit-il, que nul pacte ne peut avoir de force, sinon pour la raison qu'il est utile, et que, levée l'utilité, le pacte est levé du même coup et demeure sans force » (p. 265). Si donc les hommes concluent des pactes — qu'ils sont contraints de respecter, mais qu'ils peuvent rompre *s'ils en ont la puissance* — c'est seulement pour des raisons tactiques. Ainsi, nul n'est soumis par principe.

Dès lors, constatons d'abord que le *droit est une force* et qu'il y a toujours un droit de résistance de la part des sujets ; ensuite, que la question de la légitimité n'est pas un préalable à la question de la politique, elle n'en commande pas la solution (comme ce sera le cas chez Rousseau par exemple qui se pose la question préalable de l'autorité « légitime ») — chez Spinoza l'autorité, quelle qu'elle soit, est légitime *autant qu'elle peut durer.* Enfin, la référence à une quelconque révélation (de l'origine sacrée ou des fins de l'histoire) est au service de la domination : la religion est facteur de servitude.

SAMUEL PUFENDORF

1632-1694

Le Droit de la nature et des gens[1]

1672

Le Droit de la nature et des gens peut être regardé comme la première tentative achevée d'élaborer une théorie générale du *droit public* fondé sur le concept « moderne » de souveraineté.

Ni Bodin, ni Hobbes, ni même Grotius, ne s'étaient engagés dans cette voie. Bodin creuse les fondations premières de l'État avec son concept de « *puissance souveraine* », Grotius entreprend de fonder, en référence à ce nouveau concept, la problématique moderne du *droit des gens*, cependant que Hobbes élabore les éléments généraux d'une *philosophie de l'État* propre aux Modernes dont dépendra l'ensemble de la réflexion politique ultérieure. Il manquait donc, en quelque sorte, une théorie générale du droit public ; c'est chose faite avec l'ouvrage de Pufendorf.

Ce premier exposé complet du droit public moderne se caractérise notamment par deux traits essentiels, le second ne pouvant être clairement élucidé qu'en référence au premier : d'abord une théorie très originale des *êtres*

1. Trad. Jean Barbeyrac, Amsterdam, 1706 ; réimpression Centre de Philosophie politique et juridique de l'Université de Caen, Caen, 1987.

moraux, ensuite une théorie du *double contrat*. Et c'est la notion de souveraineté qui constitue le centre à partir duquel ces deux éléments fondamentaux du droit public deviennent intelligibles. Tenter d'exposer la théorie pufendorfienne du double contrat sans référence à la théorie des êtres moraux, serait s'exposer à un contresens sur la conception de la souveraineté telle que l'expose *Le Droit de la nature et des gens*.

Êtres moraux et personnes morales

Le *Livre I* du *Droit de la nature et des gens* est présenté par Pufendorf comme contenant les « préliminaires » de cette science qu'il entreprend d'exposer. Il s'agit bien en effet de préliminaires, c'est-à-dire des conditions préalables à l'exposé de la science. Consacré à développer une théorie complète des « êtres moraux », le *Livre I* fournit ainsi la clé de la structure théorique de l'ouvrage. Le traité dans son ensemble est un exposé de l'État (et de sa souveraineté) entendu comme *être moral*. Et la théorie du pouvoir qui s'y rattache est, dès lors, intelligible à partir des sujets en lesquels ce pouvoir (qu'il y aura lieu de différencier) réside, sujets dont Pufendorf établit qu'ils doivent être compris comme des *personnes morales*.

Qu'est-ce donc qu'un « être moral » ? Selon Pufendorf, un être moral n'est pas une « substance », autrement dit il n'existe ni ne subsiste par lui-même. N'étant pas un être substantiel, un être moral n'en est pas moins réel. Il est un *mode*, dit Pufendorf. Disons donc qu'un être moral, à la différence d'un être physique, est un mode d'être (et non pas un être par soi-même), une façon d'être, pour ainsi dire, ou, dit encore Pufendorf, une espèce d'être. Par exemple, l'*espace*, n'est pas, selon lui, une véritable substance, une « chose », mais le support des choses, le mode sous lequel cette chose existe réellement. De même que l'espace est l'élément, le milieu dans lequel se placent matériellement les choses physiques, de même, les êtres moraux sont les manières d'être des choses quand on considère celles-ci non plus sous l'angle de leur matérialité propre, mais sous celui de l'importance et de la valeur que nous leur attribuons. C'est donc en fait la modification d'un être naturel dans le but « de diriger et de restreindre la liberté des actions volontaires de l'homme, et pour mettre quelque ordre, quelque convenance, et quelque beauté dans la vie humaine » (I,1, § 3).

Ainsi, les êtres moraux ne sont-ils pas issus de la nature même, mais ou bien de la création divine ou bien de la volonté humaine. Les êtres moraux créés par l'homme le sont dans le but de « polir » les hommes. Et, de même que Dieu punit ceux qui ne se conformeraient pas à ses propres créations morales, de même les êtres moraux créés par la volonté et l'action humaines donnent lieu à des punitions pour ceux qui ne se soumettraient pas aux dispositions qu'entraîne leur création.

On aperçoit très clairement que cette théorie des êtres moraux, très proche d'une théorie des *artifices*, par laquelle s'ouvre le traité est partie intégrante de la matière du droit public tel que l'expose Pufendorf. Les êtres moraux n'ayant été établis que dans le seul et unique but de diriger la « vie humaine », le contenu immédiatement politique de cette théorie est, dès lors, évident. C'est ce qui apparaît à la lumière de la théorie des *personnes morales*, immédiatement déduite de celle, plus générale, des « êtres moraux ».

Les *personnes morales* sont ou bien « publiques » ou bien « particulières », c'est-à-dire privées, dit Pufendorf. Cette distinction — public/privé — est importante car elle permettra de comprendre exactement la nature du double contrat en le rapportant à la seule sphère publique. Qu'entendre ici par personnes morales *publiques* et *privées* ? Les premières font des actions qui concernent « l'avantage commun de la société civile », cependant que les secondes sont en rapport « au bien particulier de chacun » (I,1, § 12). A cette distinction importante s'ajoute une nouvelle distinction : personne *simple* et personne *composée* (qu'elles soient publiques ou privées).

On découvre ainsi à la faveur de cette série de distinctions quel est l'objet du *droit public*. Celui-ci traite des *personnes morales publiques* — simples ou composées. Cette précision est fondamentale dans la mesure où l'on voit, grâce à elle, que la société civile et son gouvernement forment une *unité morale* qui est l'État. Ou, si l'on préfère, l'État est l'*être moral* — immatériel, ce n'est pas une chose — dans et par lequel existent deux *personnes morales,* la société civile et son gouvernement. Et Pufendorf précise que ce qui différencie ces deux personnes morales, c'est que la première — la société civile — est une personne composée, cependant que la seconde — le gouvernement — est une personne (morale) publique simple : le souverain.

On voit par là que l'État est bien l'unité de deux « personnes », simple et composée, la première assurant la direction politique de la seconde, c'est-à-dire le « gouvernement de l'État avec autorité suprême » (**I**,1, § 12). Unité d'une personne composée (la société) et d'une personne simple (le souverain) l'État est donc, littéralement, le *lieu* de leur unité ; il est l'*espace* au sein duquel ces deux « personnes » existent. L'État, qui est un être moral, est donc, comme dit Pufendorf, « un être moral qui est le soutien des autres » (**I**,1, § 6). Et, si l'on supprime ces personnes, ensemble ou séparément, c'est l'État lui-même qui disparaît.

Examinons donc, car cela est d'une importance décisive pour le droit public, en quoi consistent personnes morales *simples* et personnes morales *composées*. Il s'agit de comprendre comment, selon Pufendorf, s'ordonnent les actions humaines volontaires au bien commun ou public (et pas du tout au bien privé). Or, le bien *commun* suppose, pour être atteint et préservé, une autorité souveraine. Pufendorf suit ici rigoureusement la conception bodinienne de la souveraineté, qu'il fait sienne, en distinguant, pour ainsi dire, entre la souveraineté dans son principe et la souveraineté dans son exercice ; ou encore, entre le « souverain » au sens propre et le « magistrat » : le souverain communique au « magistrat » le pouvoir d'exécuter sa volonté. Il s'agit donc ici du *gouvernement* dans le sens général de fonction d'autorité et de commandement. Cette fonction est donc, on le voit, entre les mains de « personnes simples », le souverain proprement dit et les magistrats dépendant directement de lui.

Corrélativement, ou mieux complémentairement, il y a les personnes publiques « composées ». Ce sont les sociétés civiles. Une *société* est, pour Pufendorf, une personne composée. Comme telle, elle se définit par l'*unité de volonté existant dans un corps composé d'une multiplicité d'individus*.

Cette définition est précise et tout à fait essentielle du point de vue de la relation qui existe entre la fonction gouvernante (ou « souveraineté ») et le corps social. Si le corps social (ou « société ») est dit composé c'est, non seulement parce qu'il est composé d'une multitude d'individus, mais surtout c'est parce qu'il ne peut être « divisé » sans être détruit. La société est donc une et indivisible. Elle est bien une personne *une*, possédant une volonté *une*. D'où la définition que donne Pufendorf des « personnes morales composées » qui se forment « lors que plusieurs individus humains s'unifient ensemble de telle manière que ce qu'ils veulent ou qu'ils font en vertu de cette union n'est censé [être] qu'une seule volonté et une seule action » (I,1, § 13).

Un tel « corps » unissant ses membres en une seule volonté, n'existe donc aussi que parce qu'il est ordonné à l'autorité souveraine : il n'y aurait aucun sens, en effet, à affirmer que la souveraineté et le corps social existent indépendamment l'un de l'autre (de sorte que, par exemple, en supprimant l'un on pourrait tout de même conserver l'autre). Au contraire, si l'un est donné (la société) l'autre l'est également (le souverain). Si Pufendorf, en effet, distingue personne morale simple (l'autorité souveraine) et personne morale composée (le corps social) c'est parce que le « simple » et le « composé » ne doivent pas, bien évidemment, être confondus *dans leur concept*. C'est donc une distinction de l'entendement dont ne peut se passer une théorie générale du droit public comprise comme science des « certitudes morales », comme la nomme Pufendorf. Mais en aucun cas il ne s'agit là de deux entités réelles existant séparément. Ces entités sont des personnes *morales*, c'est-à-dire des créations volontaires de l'homme à la recherche de ce qui améliore sa condition. Aussi, le souverain a-t-il des propriétés qui lui sont propres, et le corps social a également des propriétés qui sont les siennes. Mais les deux fonctionnent ensemble, si l'on peut dire.

Précisons au passage que c'est un contresens de dire que cette distinction recoupe celle existant entre société civile et État, respectivement sphère du privé et sphère publique. Si cette distinction n'a que peu de sens *politique* en elle-même, elle n'en a aucun chez Pufendorf. Chez lui, les « personnes morales » que sont le corps social et l'autorité souveraine sont toutes deux des personnes *publiques*. C'est la raison pour laquelle elles existent ensemble, inséparablement ; elles sont deux personnes corrélatives vivant dans l'État — être moral qui les contient, espace de leur *unité* réelle.

Les deux contrats

C'est à la faveur de deux contrats (ou si l'on préfère d'un contrat double) qu'est institué l'État : un contrat de société, par lequel s'institue le corps social, c'est-à-dire l'unité d'une volonté et, corrélativement et nécessairement, un contrat de gouvernement par lequel le « souverain » est institué. Le premier contrat est un pacte d'association, le second est un pacte de soumission.

Ces deux contrats (ou pactes) offrent une interprétation de l'institution de la souveraineté en tant que celle-ci est liée, d'après Pufendorf, à la constitution du corps social. Ils apparaissent ainsi comme les deux moments de l'établissement de la souveraineté, donc de l'État, au sens où nous avons défini plus haut celui-ci, en suivant Pufendorf, *un espace qui contient l'unité des deux personnes morales* simple (l'autorité gouvernante) et composée (la société civile). Le premier contrat institue la personne composée, le second la personne simple. On voit bien que l'un ne saurait aller sans l'autre : et pour cause, ils sont ensemble destinés à faire tenir l'État.

Le premier moment de l'avènement de l'État est donc un engagement de tous et de chacun de renoncer à la liberté naturelle dans le but de convenir ensemble des règles propres à assurer leur sécurité et leur bien être. Le second moment revient à confier à un *sujet* le pouvoir suprême ou « souverain » ; autrement dit, il s'agit d'un *pacte de gouvernement*. Observons au passage que c'est ce pacte de gouvernement que critiquera Rousseau qui affirme, lui, que l'institution d'un gouvernement ne fait l'objet d'aucun contrat. Ainsi, chez Pufendorf, l'*État*, qui est comme il le dit lui-même seulement « ébauché » lors du premier contrat (contrat de société, peut-on dire), est maintenant achevé grâce au second contrat. Par celui-ci, les personnes qui ont reçu le pouvoir de gouverner la société sont revêtues de l'autorité souveraine et « s'engagent à veiller avec soin au bien public, et les autres, en même temps, leur promettent une fidèle obéissance. De là résulte pleinement cette union et cette soumission des volontés, qui achève de former l'État, et en fait un corps que l'on regarde comme une seule personne » (**VII**, 2, § 8). Quant à la *forme institutionnelle* concrète que prendra le gouvernement — l'exercice réel de la souveraineté — elle est fixée par un « décret ».

L'avènement de l'*État* relève donc de deux contrats, un contrat d'*association civile* par où les individus sont liés en une même unité morale (personne composée) et un contrat de *soumission politique* par lequel le corps social est ordonné à l'autorité souveraine (selon une forme quelconque de gouvernement). Ces deux contrats, pour ainsi dire, n'en font qu'un avec ces deux moments, celui de l'institution de l'État.

La question qui se pose alors à Pufendorf est de savoir si un peuple, une fois uni par le pacte d'association civile, existe encore comme peuple dès lors qu'il a remis le pouvoir entre les mains d'un « roi ». « Le peuple ne devient pas pour cela une multitude de gens, déclare Pufendorf, que plus rien ne lie ensemble ; il demeure toujours un seul corps, lié par la convention qui a formé au commencement la société, et par la dépendance d'un seul et même chef » (**VII**, 2, § 12). Cette coexistence des deux personnes morales (une « simple » et une « composée ») est précisément ce qui constitue, par leur complémentarité nécessaire, la structure unitaire de l'*État*. Une unité fondamentale qui s'exprime on ne peut mieux, de l'avis de Pufendorf, dans le fait que chez lui, et contre le système de Hobbes où il n'y a aucun contrat entre le souverain et ses sujets, il y a un engagement réciproque ; autrement dit la société civile n'est pas séparée du souverain pour la raison que l'un n'existerait pas sans l'autre. Au contraire, il y a complémentarité des *personnes morales,* complémentarité et réciprocité qui semble permettre une limitation du pouvoir absolu des rois sur la société civile : « Je soutiens, écrit Pufendorf, que le pouvoir légitime d'un roi et le devoir des sujets se répondent exactement l'un l'autre, et qu'ainsi le roi ne commande rien légitimement, en quoi les sujets puissent légitimement refuser d'obéir. Car le roi ne peut ordonner légitimement que ce qui est ou paraît du moins conforme au but de la société civile. Si donc malicieusement, ou par une imprudence insensée il commande quelque chose de contraire à cette fin, il le fait sans aucun droit » **(VII**, 2, § 2).

Il n'en reste pas moins que le pouvoir du souverain est absolu ; il l'est, pour ainsi dire, par définition. Mais cela ne signifie en rien, pour Pufendorf, que les sujets soient soumis à toutes ses « fantaisies » : en principe, souveraineté ne signifie pas fantaisie, caprice ou arbitraire.

JOHN LOCKE

1632-1704

Deuxième Traité du gouvernement civil[1]

1690

Pour Locke, problématiser la politique c'est faire de la *propriété réelle* un objet de pensée. De sorte que, pour ainsi dire, la propriété (le droit de devenir propriétaire) est à elle-même sa propre preuve, elle est ce qui permet de penser le régime de l'état de société. Elle est donc, pour Locke, le concept éminent de la pensée de la politique et, dans le même temps, elle devient une institution réelle, légitimée et moralisée. Elle est le centre organisateur de la *société civile*, l'origine et la fin de la vie politique : les *volontés* y tendent et en procèdent. C'est sur cette identité de l'objet réel et de l'objet de pensée que roule la démonstration du *Deuxième Traité du gouvernement civil* : « La fin capitale et principale, écrit Locke, en vue de laquelle les hommes s'associent dans des républiques et se soumettent à des gouvernements, c'est la conservation de leur propriété » (§ 124).

1. Traduction B. Gilson, Vrin, 1967.

De la nature comme privation

L'état de nature est un état de manque, il y manque une *loi établie*, fixée et promulguée pour tous, qui sert de norme commune, à laquelle tous les différends qui peuvent surgir sont rapportés et évalués. De plus, un *pouvoir judiciaire*, également reconnu fait défaut, de sorte que les passions et l'intérêt l'emportent dans les délibérations, chacun s'institue juge et partie et, au lieu de justice, c'est, dit Locke, la vengeance qui règne. Enfin, « la puissance manque souvent à l'appui de la décision » si bien que, s'il advient qu'une décision raisonnable soit prise, il se peut faire qu'elle ne puisse être appliquée. L'état de nature est *état d'impuissance*.

Ces observations étant faites, il est clair que le système de la vie naturelle n'est pas viable, et que, par conséquent, les hommes *doivent* se grouper en communauté ou, comme dit Locke, en « république ». Il importe de noter que la description de l'état de nature comme privation, dans un chapitre sur les « fins de la société politique », a pour but de montrer d'abord que la société civile est issue de l'état de nature, ensuite que les deux « états » sont cependant radicalement différents. Dans l'état de nature la propriété existe — c'est une donnée de la nature et un droit ; dans la société civile elle se conserve. La nature *instaure* la propriété, la société la *restaure* : c'est par la propriété que la nature s'accomplit elle-même comme société. Il y a d'abord un donné qui est un *droit* (nature), vient ensuite un *devoir* de préserver ce donné (société).

La notion de l'état de nature est, on le voit, fondamentale chez Locke. Car, c'est de la nature que procède le bien le plus précieux de l'homme : la liberté. La liberté elle-même est un bien lui appartenant par nature. Et possédant ce bien, l'homme possède aussi le droit de le conserver : conserver sa propriété et sa liberté sont, de la sorte, des données premières existant par nature et définissant l'homme. La société ne fera que donner force — plus de force — à la série des droits naturels.

Pour comprendre ce qu'est une société civile, *il faut donc définir un état de nature*. Il y a donc une différence constitutive entre nature et société car la *société civile* est instituée dans le but d'accroître la protection de mes propriétés naturelles. Il est dès lors requis que les individus doivent abandonner le pouvoir de préserver leur propriété puisque ce pouvoir échoit désormais, pour plus de sûreté, à la communauté elle-même. Non plus à l'individu naturel, mais au corps social (cf. § 87). C'est pourquoi la définition de l'état de nature est toujours négative car la société politique est la vérité de l'état de nature — qui doit d'abord être entendu comme *absence* de société. La société civile est en positif ce que la nature est négativement. Seule donc la *société civile* jouit d'une définition positive, autrement dit s'il est bien vrai qu'on doit définir la nature pour comprendre ce qu'est la société civile, c'est seulement parce que la seconde est la perfection de la première.

La loi naturelle

« L'état de nature est régi par un droit de nature qui s'impose à tous, et, rien qu'en se référant à la raison — qui est ce droit — l'humanité entière apprend que, tous étant égaux et indépendants, nul ne doit léser autrui dans sa vie, sa santé, sa liberté ni ses biens » (§ 6).

La nature est le lieu de l'égalité des droits, parce que, selon Locke, Dieu a fait les hommes égaux. Observons au passage qu'on retrouvera cette affirmation littéralement reprise dans la *Déclaration d'indépendance* américaine. Ce droit égalitaire qui affirme l'absolue liberté naturelle des hommes est connu, dit Locke, par la droite raison, celle-ci impose des devoirs dont le tout premier est *la conservation de soi*. Si la conservation de soi est un devoir, c'est que j'ai un droit fondamental, *originaire* : j'ai le droit de m'appartenir à moi-même, autrement dit, je suis propriétaire de ma propre personne. Par nature je possède mon corps, c'est-à-dire ma force de travail, cet élément grâce auquel j'intériorise la nature extérieure et me l'approprie.

Cette théorie de la possession de soi est fondamentale, non seulement quant à la définition des *droits fondamen-*

taux de l'homme, mais aussi des droits du travail social. Étant propriétaire de son corps, en effet, l'homme est, pour Locke, propriétaire des objets résultant du travail. Toutes les fois que l'homme transforme un objet naturel par son travail, le produit qui en résulte est sa propriété. Cette doctrine fondera le principe moral de l'économie capitaliste de l'appropriation par le travail. Trois conséquences suivent de cette doctrine générale de la propriété du corps et des fruits du travail. La première est que l'*appropriation est juste par nature* parce que je possède ma personne et mon corps. Perpétuer cette possession à laquelle j'accède par mon travail est la fin de la société civile : l'héritage est de droit naturel. Fonder la possession, c'est montrer qu'elle a son *origine* dans la nature. La seconde conséquence est que sortir de l'état de nature n'est pas une nécessité absolue, mais entrer dans l'état social est une garantie supérieure. Une société qui n'aurait pas pour fin la préservation de la propriété, ne serait pas une société ; l'essence de la *société civile* est donc la propriété. Enfin, la dernière conséquence montre que seul un *accord volontaire des individus propriétaires*, accord qui a pour fin la garantie de la propriété, peut instituer la société politique ou civile. « Il faut donc admettre, dit Locke, que ceux qui sortent de l'état de nature pour s'unir en communauté abdiquent entre les mains de la majorité la totalité des pouvoirs nécessaires à la réalisation des fins sociales » (§ 99). Le pacte social, on le voit, est un contrat entre propriétaires. Ce sont donc des individus libres propriétaires qui s'associent, association qui procède en dernière analyse de la raison naturelle. La société ainsi formée est le moment pleinement positif de la nature. *La propriété y devient une puissance.* Il suit de là que le pacte d'association est une figure transitoire de conservation de la nature, en ce qu'il a pour *objet* la conservation de la propriété et pour *fin* l'instauration du pouvoir des propriétaires.

Qu'est-ce que la société ? C'est une association de propriétaires qui souhaitent se donner des moyens plus efficaces — un juge commun et une police — pour préserver des propriétés acquises conformément à la loi naturelle. Les loi positives (civiles) ne seront dès lors que la sanction juridique admise par tous, les règles du jeu de la société civile.

Dans cette perspective l'État — ou le « souverain », comme dit Locke, n'est qu'un instrument au service de la propriété ; il est le gérant de la société civile en assumant les fonctions de police et de justice autrefois entre les mains des individus naturels. Dans la société civile, chaque propriétaire est donc du même coup citoyen. « C'est donc par un seul et même acte, écrit Locke, qu'il associe la république à sa personne, qui était libre, et ses terres qui étaient libres aussi ; les personnes et possessions sont assujetties l'une et l'autre au gouvernement et la souveraineté de la société politique tant que celle-ci dure » (§ 120).

Il fallait donc partir de la nature, de la loi naturelle : la propriété y trouve son origine. Certes, la nature institue positivement le règne de l'individu et de sa propriété, mais c'est la société civile qui assure la pérennité du règne. La nature est le lieu où la propriété s'invente — ce qui rend son principe incontestable — la société est le lieu où elle se maintient par la force si besoin est. Impuissante dans la nature où elle ne fait qu'exister, elle est toute puissante dans la société civile où elle devient réelle.

MONTESQUIEU
1689-1755

De l'Esprit des lois [1]
1748

Il ne faut pas croire Madame du Deffand, l'amie de Voltaire, quand elle dit que Montesquieu fait de l'esprit sur les lois ; c'est Madame du Deffand qui fait de l'esprit voltairien sur Montesquieu. L'*esprit* des lois, c'est plutôt le concept de la loi. Celle-ci est définie comme un *rapport*, et, à partir de cette définition, la structure des pouvoirs dans l'État est déduite. « Il y a trois sortes de pouvoirs » — le législatif, l'exécutif et le judiciaire. On a voulu faire de Montesquieu le tenant de leur « séparation » : il n'en est rien. Il s'agit au contraire de *distinguer* les pouvoirs ; chaque pouvoir a son concept propre, ce qui empêche de les *confondre,* et ce qui permet de les *penser*.

La loi-rapport

« Les lois, dans la signification la plus étendue, sont les rapports nécessaires qui dérivent de la nature des choses » (I, 1, début). Une telle définition, la loi comme « rapport nécessaire », placée en ouverture de l'exposé signifie la

1. Garnier-Flammarion, Paris, 1979.

rupture complète avec les conceptions théologico-politiques traditionnelles de la loi comme contrainte, de la loi-ordre, de la loi-devoir.

La *loi-rapport*, c'est-à-dire l'uniformité de la relation qui lie un objet à un autre, disqualifie l'idée jusqu'alors reçue de la loi comme décret de la volonté du législateur (Dieu ou le prince). La catégorie de la *nécessité* est l'élément décisif qui permet une telle réévaluation. La loi-rapport, c'est la nécessité de la loi pour *tous* les êtres, du plus grand jusqu'au plus petit. « Dans ce sens, tous les êtres ont leur loi ; la divinité a ses lois, le monde matériel a ses lois, les intelligences supérieures à l'homme ont leurs lois, les bêtes ont leur loi ; l'homme a ses lois » (**I**, 1, suite).

Il s'en faut de beaucoup que cette *loi* n'emporte pas la soumission, mais ce n'est pas la soumission qui la définit. La nécessité de la loi signifie d'abord que toute chose a sa loi régulatrice interne sans quoi elle ne serait pas ; cela signifie ensuite que la soumission à la loi-rapport n'est pas de l'ordre de la volonté et du libre arbitre, mais ressortit précisément à une obligation « ontologique » si l'on peut dire. Pour *être*, toute chose *doit avoir* sa loi propre régulatrice et invariable.

« Comme nous voyons que le monde, formé par le mouvement de la matière, et privé d'intelligence subsiste toujours, il faut que ses mouvements aient des lois invariables et, si l'on pouvait imaginer un autre monde que celui-ci, il aurait des règles constantes, ou il serait détruit. Ainsi la création, qui paraît être un art arbitraire, suppose des règles aussi invariables que la fatalité des athées. Il serait absurde de dire que le créateur, sans ces règles, pourrait gouverner le monde, puisque le monde ne subsisterait pas sans elles » (**I**, 1, suite).

Il suit de cela une première conséquence importante : la destruction de la conception théologique de la loi. En effet, le concept de la loi-rapport — que Montesquieu introduit dans la pensée juridique après que Newton l'eut introduite en sciences physiques (les *Principes mathématiques de la philosophie de la nature* sont de 1687) — expulse les idées corrélatives de l'origine et de la fin de la loi. Connaître les lois, en manifester « l'esprit », ce n'est pas recourir à leur origine ; ce n'est pas non plus leur assigner une fin : « L'homme comme être physique est, dit Montesquieu, ainsi que les autres corps, gouverné par des lois invariables. Comme être intelligent, il viole sans cesse les lois que Dieu a établies, et change celles qu'il établit lui-même » (**I**, 1, suite).

Une autre conséquence de cette conception de la loi-rapport concerne la méthodologie de la science politique. Si les lois ne peuvent être comprises ni par leur origine, ni par leur fin, attendu que ces deux notions n'entrent pas dans le concept de la loi-rapport, le *problème politique* (tout comme le problème « physique » du mouvement des corps) consiste à connaître *ce qui est* et non pas ce qui a été (origine) ou ce qui doit être (fin). Comme l'avait bien vu Rousseau, Montesquieu s'occupe de comprendre les lois des gouvernements établis, c'est-à-dire celles qui régissent les États historiques réels.

Lois civiles et lois politiques

« Je ne traite point des lois, mais de l'esprit des lois », dit Montesquieu. Cette précision est utile pour comprendre le rapport qu'entretiennent dans un État quelconque lois civiles et lois politiques. Montesquieu distingue ces deux types de loi par leurs objets. Par *lois civiles*, il entend les lois qui sont en rapport avec la formation de l'État ; par *lois politiques*, il entend celles qui sont en rapport avec la conservation de l'État. *De l'Esprit des lois*, en ses premiers chapitres, distingue les deux ordres de loi par des objets différents et, en même temps, établit qu'ils ne doivent pas être séparés. S'il en est ainsi, c'est que l'ouvrage construit l'idée de l'État comme totalité historique. Montesquieu est le théoricien de l'*État historique*.

Quel est le rôle de la distinction conceptuelle entre loi civile et loi politique ? Les premières qui touchent à l'établissement de l'État, les secondes à sa conservation, sont inséparables dans l'État historique en tant qu'il *est* institué. L'analyse de l'État suppose donc la contemporanéité institutionnelle des lois civiles et politiques. Le concept de l'*institution* — les gouvernements constitués — forme donc un troisième terme, véritable objet de la science politique, troisième terme qui est la raison des deux premiers qui sont, précisément, les lois civiles et les lois politiques. Quand donc Montesquieu dit qu'il s'occupe non des lois, mais de leur *esprit*, il veut dire que son objet est *l'institution*.

Qu'est-ce que l'institution ? C'est d'abord, méthodologiquement, *ce qui est*. De sorte que, privilégier l'institution, c'est refuser le retour à une origine ou fondation, et c'est se donner ensuite le *présent historique* comme objet de l'analyse. Dès lors, le problème politique est théoriquement celui-ci : *qu'est-ce qui constitue une institution ?*

Nature et principe

Pour Montesquieu, l'État est une totalité de « *nature* » et de « *principe* ». *C'est l'unité nature-principe qui constitue un État*. « Il y a cette différence entre la nature du gouvernement et son principe que sa nature est ce qui le fait être tel, et son principe ce qui le fait agir. L'une est sa structure particulière, et l'autre les passions humaines qui le font mouvoir » (**III**, 1).

Montesquieu appelle « gouvernement » ce que nous appelons « État ». Il n'y a certes aucune confusion ou imprécision dans le vocabulaire. Le mot de gouvernement est une application de la définition de la loi comme « rapport » ; en effet, les hommes sont « gouvernés » par des lois, au sens où les corps en général sont gouvernés par des lois. Or, de même que le mouvement des corps est discernable par les lois qui les font se mouvoir, de même les corps politiques sont définissables par les lois qui les « gouvernent ». Il n'y a donc pas, pour Montesquieu, d'État en général, mais des États gouvernés par tel type de loi qui leur est propre. Ce que, précisément, Montesquieu appelle « nature » : il n'y a pas un État en général, mais des « natures » différentes qui spécifient l'État historique.

Que faut-il entendre par « nature » ? Si l'État est une totalité de nature et de principe, c'est la *nature* qui spécifie cette totalité. Elle concerne donc la *définition* du gouvernement ou État, de sorte que sans elle, il n'y aurait pas de différence entre la « République », la « Monarchie », et le « Despotisme ».

La catégorie de « *nature* » est donc différentielle, elle concerne la définition de ce qui est par opposition avec ce qui n'est pas : elle ne doit pas confondre les gouvernements. Elle concerne donc le *statut* de l'institution, elle en est à proprement parler le concept. La catégorie de nature étant celle qui permet de différencier les espèces de gouvernement (démocratique, monarchique, despotique) il y a donc une relation nécessaire entre nature et loi. Puisque les lois sont des rapports, seront dites « lois fondamentales » celles qui établissent un rapport entre un « gouvernement » et sa « nature ».

Qu'en est-il maintenant du « principe » ? Il n'y a pas de « nature » qui ne soit assortie d'un « principe ». C'est de l'unité nature-principe que s'atteste l'historicité des États institués. Le principe, en effet, qui est déduit de la nature, est le concept de *mouvement* ; il concerne les lois du mouvement, c'est-à-dire du dépérissement des corps politiques. Aux trois natures correspondent donc trois principes. A la nature républicaine correspond la *vertu* ; à la monarchique, l'*honneur* et à la despotique, la *crainte*. Ces principes ne sont pas moraux, ils sont les référents auxquels se rapportent les lois : *la conformité au principe* assure la stabilité des institutions et, plus généralement, l'homogénéité de la totalité historique, la pérennité de l'*unité* de la nature et du principe. Le « principe » concerne donc la vie politique réelle, alors que la nature définit le statut de la vie politique. Les États sont définis par leur « nature » respective, tandis que le mouvement des États est pensable par leur « principe ».

Les institutions historiques sont donc appréciables en ce qu'elles réalisent plus ou moins l'unité nature-principe. Ainsi, pour que cette unité vienne à disparaître, il faut *d'abord* que le principe ait été atteint. En effet, si l'institution est une totalité — unité de ce qu'elle *est* (nature) et de ce qui lui donne mouvement (principe) — il faut que la nature reste ce qu'elle est. Une république est toujours une république. Seuls les principes, s'ils viennent à se dissoudre, causent le dépérissement historique de l'institution.

Distinction des pouvoirs

C'est un malentendu accrédité par la répétition d'un commentaire scolaire qui fait de Montesquieu le défenseur, dans *L'Esprit des lois*, de la doctrine de la « séparation des pouvoirs ». En fait, Montesquieu veut tempérer un pouvoir par un autre, ce qui suppose la distinction conceptuelle de pouvoirs *différents* dans l'État. Montesquieu qui disait ne pas vouloir « manquer les différences » se gardait bien de manquer celle-là. Pour Montesquieu, la puissance d'État est *une* en ce qu'elle articule trois pouvoirs : le judiciaire, le législatif, l'exécutif. Une distinction qu'il reprend de Locke, mais dont il est le premier à produire le concept articulé. C'est donc la notion de la puissance d'État, l'État historique comme totalité une et homogène, qui est pensée par Montesquieu avec ses trois « pouvoirs ». Aussi bien, n'y a-t-il pas de séparation institutionnelle rigide dans la vie de l'État ; et il *ne peut pas* y en avoir. Il y a, en revanche, une *distinction des fonctions et des pouvoirs* au sein de l'unité fondamentale de l'État. Autrement dit, le concept de la puissance d'État est pensable si l'on établit la *loi* (c'est-à-dire la relation) qui régit le rapport des pouvoirs entre eux. Il n'y a pas de séparation des pouvoirs, pour la raison que l'État est, pour Montesquieu, le *rapport des pouvoirs*, rapport réglé et connaissable. Le pouvoir d'État est constitué par un rapport spécifique des « puissances » les unes aux autres : « Si la puissance législative laisse à l'exécutrice le droit d'emprisonner des citoyens qui peuvent donner caution de leur conduite, il n'y a plus de liberté » (**XI**, 6).

La distinction (conceptuelle) des pouvoirs signifie donc en fait l'*interaction* des pouvoirs dans l'État. Le *Livre XI*, et tout spécialement le *chapitre 6,* construit l'idée de la puissance d'État comme interaction des pouvoirs. Dans un « État libre » les pouvoirs sont en rapport les uns aux autres et ce rapport est définissable comme pouvoir d'examen, ou mieux comme « faculté d'empêcher ». Un pouvoir peut en empêcher un autre. Ce que dit Montesquieu, c'est qu'un État bien constitué est l'articulation des trois pouvoirs ; un État qui ne distinguerait pas ces pouvoirs serait un État despotique. On ne peut conclure de là qu'ils doivent être séparés et s'exercer chacun pour soi. L'interaction de pouvoirs différents est la règle dans un « *État libre* », et c'est d'elle que naît l'unité réelle de la puissance d'État.

« Si dans un État libre, dit Montesquieu, la puissance législative ne doit pas avoir le droit d'arrêter la puissance exécutrice, elle a droit, elle doit avoir la faculté d'examiner de quelle manière les lois qu'elle a faites ont été exécutées » (**XI**, 6).

JEAN-JACQUES ROUSSEAU

1712-1778

Du Contrat social[1]

Principes du droit politique

1762

Le *Contrat social* a été écrit pour fonder une nouvelle légitimité, celle qui repose essentiellement et absolument sur la *souveraineté du peuple* : « Tout gouvernement légitime est républicain », clame Rousseau. Dans cette formule, « républicain » signifie, certes, la forme républicaine de l'État opposée à sa forme monarchique ; mais ce mot signifie également *démocratie*. Ainsi, Rousseau est à l'origine de la confusion de ces deux ordres de choses : la république (qui est une forme de l'État) et la démocratie (qui est une forme de gouvernement) ; mais si Rousseau rend possible une telle confusion, il se gardait bien, lui, de les confondre : le *Contrat social* est, au contraire, construit sur la distinction État/gouvernement, une distinction qui reproduit la distinction capitale, constitutive de la souveraineté, entre « souverain » et « magistrats » (cf. Bodin).

En tout cas, le *Contrat social* renferme la théorie de la

1. In J.-J. Rousseau, *Écrits politiques*, édition, introduction, notes et commentaires, par G. Mairet, Le Livre de Poche, « Classiques de la philosophie », Paris, 1992, pp. 492-529 pour le commentaire.

démocratie dont les révolutionnaires, trente ans après, tireront profit à leur convenance.

L'idée d'origine

Un observateur de l'époque, le père Berthier, déclarait : « Il serait, je crois, impossible de citer aucun publiciste, avant l'auteur du *Contrat social*, qui ait refusé la souveraineté aux rois ». Chez Rousseau, le peuple *est* le souverain : c'est donc à fonder *dans le peuple* l'autorité légitime que s'emploie le citoyen de Genève. Si chez Rousseau le pacte originaire n'est pas un événement historique, le *recours à l'origine* de la société permet toutefois de réfléchir l'avènement de la durée historique. La sphère de la politique est *la même* que la sphère de l'historique. A l'état de nature, cependant, ne *succède pas* l'état social ou « société civile » : il faut dire, au contraire, que le pacte social est la différence de la « nature » et de « l'histoire ». En ce sens, l'événement fondateur a lieu, en effet, mais seulement dans la tête de celui (Rousseau) qui le pense : c'est un *événement de pensée* entièrement destiné à construire la forme de la vie politique comme vie historique.

On peut déterminer quatre caractères de l'origine : elle n'est pas le signe de l'originel, mais la *marque du fondement* : l'origine est ce qui problématise la fondation d'un ordre, ou plutôt c'est ce qui définit d'emblée la politique comme devant être *fondée*. Second caractère : l'origine n'est rien *par elle-même*, elle n'a pas de contenu historique réel propre : elle est tout entière dans ce qu'elle fonde. Le contrat social est seulement *ce qui* distingue la liberté naturelle de la vie politique historique. Troisième caractère, l'origine étant pourtant fondatrice, de son statut dans la pensée dépendent *et* la définition de la nature *et* la définition de l'état social. Enfin, en dernier lieu : l'origine est toujours contemporaine de l'État qu'elle institue, elle est le *principe permanent* de sa légitimité ; on retrouve l'origine à tout instant de la vie politique. Autrement dit, l'État, sous peine de dépérir, *doit toujours être conforme à son principe*.

L'obligation d'être libre

« S'il y a des esclaves par nature, dit Rousseau, c'est qu'il y a des esclaves contre nature » (I, 2). Chez Rousseau, la nature ne peut jamais être invoquée pour *fonder* l'autorité : « nature » et « domination » sont des termes contradictoires. Récusant le fondement *naturel* de l'autorité chez Aristote, par exemple, il récuse pareillement son fondement en Dieu, comme chez Paul : « Toute puissance vient de Dieu, je l'avoue ; mais toute maladie en vient aussi » (I, 3). On voit qu'il n'y a pas de fondement non-humain à l'autorité — et moins encore à la servitude. Ni un « dieu », ni une « nature » ne peuvent être invoqués, selon Rousseau, pour fonder l'autorité légitime. On peut se demander pourquoi il importe de fonder l'autorité ; autrement dit pourquoi faut-il donc établir une théorie du « droit politique » dont il est manifeste que son objet est d'instituer parmi les hommes une relation gouvernants/gouvernés. La véritable réponse à cette question se trouve dans le *Discours sur l'inégalité parmi les hommes*. Le *Discours* est l'histoire d'une dépravation. On y apprend que la société est cause du mal ; du coup ce sera à la société elle-même, *fondée sur de nouvelles bases*, de rétablir la liberté perdue des hommes. Le *Contrat social* établit donc que le *peuple souverain* est le principe du « droit politique » rendant possible cette nouvelle fondation de la liberté.

Ayant perdu la « liberté naturelle » et voulant la retrouver dans la société civile, les hommes s'engagent mutuellement à respecter la loi qu'ils se donnent à eux-mêmes. Mais nul ne peut « légitimement » abandonner sa liberté à un autre : la dépendance personnelle est impossible. Il faut donc, selon Rousseau, trouver un fondement tel que chacun *veuille* être libre, quoique soumis à l'autorité ; le plus court chemin, comme la garantie la plus vraie, étant *d'obéir à soi-même*, le peuple se donnera à lui-même sa loi.

« Renoncer à sa liberté, dit Rousseau, c'est renoncer à sa qualité d'homme, aux droits de l'humanité, même à ses devoirs » (I, 4). Mais *la moralité* est moins le fait, pour

Rousseau, de l'individu isolé que de l'association des personnes en un « Peuple ». En ce sens, le chapitre 8 du *Livre II* : « Du Peuple », doit être lu comme l'énoncé d'une *philosophie de l'histoire* dont l'agent est le peuple (sujet moral) et l'élément la *liberté*. L'acte par lequel un peuple est un « Peuple » est donc un acte éminemment *moral*. D'où la formule du contrat social : « Chacun de nous met en commun sa personne et toute sa puissance sous la suprême direction de la volonté générale » (**I**, 6).

Qu'est-ce que le « Peuple » ?

Le « Peuple » est donc un « *corps moral* » et collectif, un « *moi* » qui garantira la liberté pour tous et pour chacun. La définition correcte du peuple entraîne la redéfinition de l'ensemble des catégories politiques. Le peuple est la pierre angulaire de l'édifice constitué par le contrat. Si donc l'État (post-contractuel) est contemporain de son origine, c'est seulement que *quel que soit le type de gouvernement*, le *peuple* est toujours souverain. Aussi, du point de vue de Rousseau, il n'y a plus dès lors contradiction entre la souveraineté de l'individu et la souveraineté du peuple. D'où l'obligation faite à quiconque de se soumettre. Le contrat contient implicitement la clause selon laquelle « quiconque refusera d'obéir à la volonté générale y sera contraint par tout le corps : ce qui ne signifie autre chose sinon qu'on le forcera d'être libre » (**I**, 7).

Le « Peuple » *étant* le souverain, il est, par cela même, source de la loi : souverain donc législateur. « La loi, dit Rousseau, n'étant que la déclaration de la volonté générale, il est clair que dans le puissance législative le peuple ne peut être représenté, mais il peut et doit l'être dans la puissance exécutive, qui n'est que la force appliquée à la loi » (**II**, 15). Puisque le peuple est souverain, exerçant son autorité sur lui-même par la loi qu'il se donne, il n'y a pas de problème *théorique* à ce que la liberté se réalise effectivement dans l'État.

Le problème est *pratique*. Le gouvernement est, *en son*

principe, distingué du souverain. Instance de l'exécutif au service du souverain, il dispose de la force (armée, police) de sorte que sa « pente naturelle » est d'usurper à son profit la légitimité en échappant à la puissance législatrice. C'est là la raison *pratique* de la dégénérescence de l'État : elle se fait toujours contre le peuple. D'où l'idée que, sous certaines conditions, le citoyen est dispensé d'obéir : « De sorte qu'à l'instant que le Gouvernement usurpe la Souveraineté, le pacte est rompu, et tous les simples Citoyens, rentrés de droit dans leur liberté naturelle sont forcés, mais non pas obligés d'obéir » (**III**, 10).

« Volonté générale » et « Prince » : le plan du Contrat social

La théorie de peuple souverain que développe Rousseau dans le *Contrat social* est entièrement dépendante de la théorie bodinienne de la souveraineté. Déjà Bodin avait compris que le peuple pouvait, tout comme le monarque, être souverain dans l'État. Mais surtout la distinction que fait Rousseau entre souveraineté et gouvernement est, précisément, le centre de la théorie bodinienne du souverain : Rousseau ne fait que la recueillir, il l'adapte et la renouvelle à l'intérieur de la théorie du droit naturel moderne. Ce que Bodin ne pense pas, bien évidemment, c'est l'idée que la souveraineté du peuple puisse être établie par contrat. C'est-à-dire par un acte volontaire et libre de tous, une *convention*. L'invention de Rousseau n'est donc pas ici l'idée qu'on lui prête habituellement d'avoir distingué souveraineté et gouvernement, puisqu'elle procède directement de Bodin, sa nouveauté réside dans la notion de *volonté générale*.

Notion capitale, parfois critiquée pour être trop « métaphysique ». En fait, il s'agit du cœur même de la conception rousseauiste du « peuple » : la volonté générale *est* la volonté du peuple. Elle exprime la pensée du peuple en tant que cette pensée (à la différence de toute autre pensée possible, celle du roi par exemple) exprime l'universel. Quand le peuple pense, il pense l'universel, c'est-à-dire qu'*il pense la liberté dans la forme de l'universalité.* Une telle pensée de la liberté est ce que Rousseau nomme « Volonté générale ». Dès lors, on comprend pourquoi Rousseau affirme très nettement que le *pouvoir* peut se transmettre, pas la *volonté.* Cette distinction du pouvoir (susceptible d'être représenté) et de la volonté (inaliénable) est la distinction fondatrice de la souveraineté telle qu'on la trouve chez Bodin. Elle consiste à distinguer — dans les *Six Livres de la République* de même que dans le *Contrat social* — entre la souveraineté de l'État et sa mise en œuvre, son « exercice » par le « Gouvernement ». Bodin l'appelle aussi les « Magistrats ».

Cela veut dire que pour Rousseau (comme pour Bodin) le souverain, qui est le « Peuple », ne peut transmettre sa volonté ; cela signifie encore que la volonté dans l'État, volonté qui est loi, ne saurait être que la *volonté du peuple.* Tout autre volonté est tyrannique. En revanche, si le « Peuple » est le lieu de toute volonté et de toute pensée dans l'État, il est possible de « transmettre » le pouvoir d'exécuter cette volonté à des commis, à des ministres. Bref à un « gouvernement ». Le pouvoir n'est qu'une commission dérivée d'un principe originaire, la volonté elle-même, la souveraineté.

Le plan du *Contrat social* est l'expression même de cette mise en place, par Rousseau, de la souveraineté du peuple. L'ouvrage est divisé en quatre « Livres », mais en fait son organisation conceptuelle est une division en deux temps. Le premier temps regroupe les Livres I et II et développe la théorie du fondement originaire de l'État, qui est la souveraineté. Rousseau réfute les fondements erronés de l'État (dans la souveraineté monarchique, par exemple) et passe ensuite à l'exposé du *principe* de souveraineté pour en venir à la théorie du souverain lui-même (le « Peuple ») et de sa volonté (« Volonté générale ») qui est la « Loi ». Le second temps de l'ouvrage regroupe les Livres III et IV et expose la théorie du gouvernement de l'État, que Rousseau appelle le « Prince » : il s'agit là de la théorie de l'*exercice* de la souveraineté, c'est-à-dire des modalités empiriques par lesquelles la volonté générale passe dans les choses.

L'équation Peuple = Souverain marque le recommencement et du même coup l'achèvement d'une certaine manière d'envisager le problème politique : Rousseau, en effet, accomplit la théorie du *droit politique* et du même coup l'achève. De quelle manière ? en permettant, pour ainsi dire, de parcourir le cycle complet de la souveraineté qui passe du monarque au peuple, un passage qu'effectuera la Révolution française, en sorte que toute autre forme de la souveraineté, notamment celle du « parti », ne sera qu'une modalité de la « souveraineté du peuple ». C'est ce qu'on peut appeler le « rousseauisme politique » qui est le sel de l'histoire contemporaine depuis deux siècles. Le marxisme (de Marx à Lénine et Mao) a cru possible de conserver la structure de l'équation en mettant au poste de commande la pratique de classe : tenant le rôle du « peuple », mais à sa place, la *classe* (ouvriers et paysans unis) sauvait la souveraineté. C'est-à-dire l'État qui ne tarda pas à se radicaliser comme dictature du parti sur les multitudes sujettes.

Le rousseauisme politique est cette pensée qui, de Rousseau aux marxistes (via libéraux et « républicains » qui n'échappent pas au « peuple »), *maintient le principe de souveraineté comme forme de l'État historique*. Le problème politique aujourd'hui est de penser la rupture avec le rousseauisme politique — ce qui suppose la critique de l'équation fondatrice. Il s'agit toujours, en tout cas, de penser la démocratie dont il n'avait pas échappé à Rousseau qu'elle ne pouvait être que tendancielle : il y faudrait, dit-il, « un peuple de dieux » alors même que nous ne disposons que d'un peuple d'hommes.

JAMES MADISON
1751-1836

ALEXANDER HAMILTON
1757-1804

JOHN JAY
1745-1829

Le Fédéraliste [1]
1787-1788

Le Fédéraliste est le recueil des 85 articles parus dans la presse de New York entre 1787 et 1788, articles dans lesquels leurs trois auteurs, sous le pseudonyme commun de « Publius » défendaient, commentaient, expliquaient le projet de constitution préparé par la Convention de Philadelphie et soumis à ratification par les conventions des États concernés. A ce titre *Le Fédéraliste — Federalist Papers* — est considéré aux États-Unis comme faisant partie des textes fondateurs au même titre que la constitution elle-même dont ils sont encore la meilleure interprétation pour ce qui concerne, bien entendu, le texte de l'époque. Il est reconnu que le succès de la ratification ne doit pas être attribué à la campagne de presse elle-même, mais bien

1. Trad. G. Jèze, Paris, 1901 ; L.G.D.J., Paris, 1957.

plutôt à l'influence politique personnelle déterminante de Hamilton. En tout cas, *Le Fédéraliste*, trop peu connu en France où l'idée fédérale est mal reçue dans une tradition politique privilégiant le centralisme étatique, est le texte fondamental d'une philosophie de l'État fédéral ; en ce sens on a pu dire que *Le Fédéraliste* était à lui seul le plus important traité américain de science politique. C'est à Alexander Hamilton que l'on doit encore la majeure partie des articles, plus de la moitié. Hamilton, « le père de la constitution », fut l'un des plus brillants collaborateurs de Washington pendant la guerre d'indépendance. Jay devint président de la Cour suprême et Madison accéda à la présidence.

Il n'est pas d'exemple dans la politique occidentale qu'un ensemble aussi important géographiquement et humainement se soit doté *volontairement* d'une constitution démocratique encore en cours de validité deux siècles plus tard. L'avènement des États-Unis d'Amérique constitue à lui seul un événement *philosophique* de première importance. La première démocratie de l'histoire moderne doit ainsi son origine à une réunion d'hommes avisés et prudents, pétris de culture politique et philosophique européenne — Locke, Hume, Montesquieu — qui, voilà deux siècles, décidaient à la faveur d'une sorte de *contrat social* originaire et historique de fonder un État absolument inconnu jusqu'alors. Il y a ici une audace américaine qui intrigua nombre d'Européens, les Français en particulier : Tocqueville entreprit le voyage d'Amérique.

L'entreprise de fondation des État-Unis d'Amérique est originale par bien des points que la seule lecture du *Fédéraliste* ne permet pas toujours d'apercevoir. Les auteurs des 85 articles n'avaient pas, en effet, le souci de scruter en quoi leur action politique était « nouvelle ». Cette nouveauté, nous sommes, nous, observateurs extérieurs, seuls à même de l'évaluer. Nouvelle, en tout cas, l'entreprise américaine l'est, disions-nous, par plusieurs aspects. D'abord, il n'existait pas d'exemple de *démocratie représentative républicaine* sur laquelle les Américains de l'époque pouvaient s'appuyer. La première invention de l'Amérique fut donc une forme très neuve de démocratie, certes illustrée par le grand exemple du parlementarisme anglais. Cependant, si le parlementarisme britannique est, sans conteste possible, avec celui des Provinces-Unies, au XVIIe siècle, à l'origine du principe démocratique moderne, il reste que la *fondation américaine de la démocratie* est en elle-même un acte neuf, ayant donné lieu à une démocratie inconnue jusqu'alors. Ensuite, la nouveauté américaine vient de la capacité à *réussir une révolution*, dont la démocratie américaine est, pour ainsi dire le fruit naturel, là où la France, par exemple, ne put parvenir à mettre un terme à la sienne que plusieurs décennies plus tard et dut, dans le même temps, se donner plusieurs républiques et au moins deux dizaines de constitutions et actes constitutionnels divers — alors que la constitution américaine dure encore. Enfin, une autre nouveauté, trop inaperçue semble-t-il, et qui tient directement au concept américain de démocratie réside dans l'idée tout à fait nouvelle de concevoir le concept de souveraineté dans la forme de l'État fédéral — d'un point de vue *démocratique*.

Il est vrai que Hamilton (article n° 9) fait explicitement référence à Montesquieu qui établit déjà que la nature de la « République confédérative » (*Confederate Republic*) est une association fondée sur le consentement des parties visant à constituer une union d'États. C'est une société de sociétés dit Montesquieu, suivi en cela par Hamilton. Le problème théorique que pose une association fédérative d'États est double ; il faut résoudre en effet la question de la souveraineté en tant que telle d'une part et, d'autre part, il faut donner, dans ce contexte inédit d'une souveraineté fédérale, une signification pratique à la notion de souveraineté du peuple. Rousseau qui s'était posé la question de la souveraineté du peuple l'avait résolue sur le seul plan d'une philosophie des principes. Quant à Montesquieu, il ne se représente pas la souveraineté d'une « République fédérative » dans le cadre de la souveraineté démocratique.

Le problème théorique que résout *Le Fédéraliste* est celui-là même précisément. Une association fédérative, dit Hamilton, est simplement un assemblage de sociétés ou une association de deux ou plusieurs États en un seul État. C'est pourquoi un des piliers de la constitution telle qu'elle est défendue et expliquée par *Le Fédéraliste* est le Sénat. C'est dans cette institution que se trouve la solution, selon les auteurs, du difficile problème de souveraineté tel qu'il vient d'être brièvement exposé plus haut. Le Sénat est la clé d'un dispositif démocratique reposant sur la « souveraineté nationale ». La constitution, en effet, explique Hamilton, sans dissoudre les États fait, au contraire, de ceux-ci une partie constituante de cette souveraineté nationale. Le Sénat est, en effet, dans ce système, le siège de la représentation des États membres de l'Union fédérale.

Ce dispositif fondé sur l'idée d'une « *souveraineté nationale* » demandait à être approfondi dans son principe. Le problème ici est celui de la nature républicaine d'une telle union fédérale d'États fondée sur la souveraineté nationale. Madison propose (article n° 39) une distinction pertinente, capable selon lui de démontrer la nature républicaine de la nouvelle Union, telle que la propose la constitution. Il s'emploie d'abord à définir, de façon large, la notion générale de république. Elle est, dit-il, un État « qui tire tous ses pouvoirs directement ou indirectement de la grande masse du peuple et qui est administré par des personnes qui tiennent leurs fonctions d'une manière précaire pour un temps limité, ou tant qu'elles se conduisent bien ». Dans ce cadre républicain, Madison précise qu'il est essentiel que cette forme d'État ne soit pas l'émanation d'une classe particulière de la société, d'une poignée de favorisés (il pense aux noblesses d'Europe), mais, dit-il, de la grande masse du peuple. Selon cette définition, Madison peut alors démontrer que la constitution soumise à ratification est une constitution républicaine : la Chambre des représentants est élue par le peuple ; le Sénat est indirectement nommé par le peuple ; le Président est lui aussi élu indirectement par le choix du peuple. Il en est de même quant à la durée des mandats : Chambre, Sénat, Président sont nommés pour un temps. Les adversaires de l'intégration fédérale (*consolidation*) ne manquèrent pas d'observer que l'État républicain ainsi défini n'en donne pas moins lieu à un gouvernement *national* alors que la liberté exige à l'inverse un gouvernement ayant une forme *confédérale* (équivalent ici de fédéral).

Cette distinction entre « fédéral » et « national » est essentielle à la compréhension de la démocratie américaine telle, en tout cas, que se la représentaient ses principaux initiateurs. Elle permet aussi d'affiner la définition du républicanisme américain. Quant à son fondement, l'État républicain repose à la fois, dit Hamilton, sur le caractère fédéral et sur le caractère national. En effet, c'est l'assentiment du peuple d'Amérique qui permettra la ratification de la nouvelle constitution ; en ce sens, il peut sembler que la république soit issue d'une ratification *nationale* car elle procède des individus eux-mêmes. En vérité, elle est plutôt *fédérale* puisque les individus sont déjà citoyens d'États existants. On voit que, finalement, l'*intégration nationale* est seconde, voire absente, de la ratification : ce sont les conventions de chaque État (donc les représentants des peuples) qui ratifient. La ratification est donc un acte fédéral. Qu'en est-il de l'exécutif ? Est-il fédéral ou national ? Puisque l'autorité s'exerce sur tout américain et sur chacun d'eux indépendamment de leurs États d'origine, il est clair que l'autorité du gouvernement doit être dite nationale, car tous les individus sont soumis à la même loi fédérale ; de la sorte ils forment une seule nation. Le caractère républicain est donc déterminé par le fait qu'il procède à la fois du fédéral (association d'États) et du national (association des individus). Ainsi est pensée, dans *Le Fédéraliste*, un aspect essentiel de la démocratie politique américaine.

Dans le *corpus* américain des textes fondateurs de l'Union, *Le Fédéraliste* possède la même importance que la constitution elle-même et la *Déclaration d'indépendance*. C'est l'unique *corpus* de l'unique contrat social qu'ait jamais connu l'histoire moderne, dont *Le Fédéraliste* offre, dès lors, l'exposé le plus élaboré de ses clauses.

ADAM SMITH

1723-1790

Recherches sur la nature et les causes de la richesse des nations[1]

1776

L'importance des *Recherches* tient à ce qu'Adam Smith donne à la théorie politique des modernes et au principe qui la fonde, la souveraineté, un substrat économique. L'idée de « nation » est pour Smith l'autre nom de la société civile entendue comme *espace de marché* ; et cet espace, qui est un territoire, est aussi le *territoire de la souveraineté*. Avec Locke, Smith apparaît de la sorte comme le plus important théoricien du libéralisme. La signification de *La Richesse des nations* est de contribuer de façon décisive à la naissance de l'économie politique classique capitaliste. Si l'on doit tenir Smith pour le fondateur de l'économie politique comme science, c'est parce qu'il place au centre de ses *Recherches* la conception économico-politique de la *nation*.

1. Trad. Germain Garnier, revue par M. Blanqui, Les Grands Thèmes, édition et présentation de Gérard Mairet, Gallimard, « Idées », 1976, « Folio », 1990.

L'économie politique

Dire que *La Richesse des nations* est le manifeste d'une « science » nouvelle, l'économie politique, c'est dire que les catégories qui y sont définies resteront celles qui constituent depuis l'horizon de l'analyse du domaine économique. Trois catégories sont, en effet, définies, valeur, production, travail, qui caractérisent le champ sémantique de l'économie politique.

Valeur d'échange/valeur d'usage : c'est sur cette distinction que roule l'économie politique classique (Ricardo) et la critique de l'économique politique (Marx). Or, cette distinction n'est possible que si la catégorie de *marchandise* est clairement pensée : distinguer valeur d'usage de valeur d'échange, c'est conceptualiser la marchandise. Qu'est-ce qu'une marchandise ? C'est un produit destiné à l'échange. Si je produis des pommes dans mon jardin, c'est pour mon *usage* personnel, si je produis des confitures dans mon usine, c'est pour *échanger* ce produit sur la place du marché.

Production : la différenciation de la valeur parce qu'elle réfléchit l'activité économique comme activité d'échange, réfléchit du même coup l'analyse économique comme science de la production des marchandises. Partant de l'échange, Smith conceptualise la *production* de ce qui s'échange : cette conceptualisation n'est possible que grâce à la distinction entre utilité et échange. L'économie politique se déduit de cette distinction.

Travail : quand les marchandises s'échangent sur le marché, *ce qui* s'échange c'est le travail nécessaire à leur production car le travail est constitutif de la valeur d'échange. La *division du travail* est reconnue par Smith comme la source de la richesse des nations ; seule la répartition des tâches et des « métiers » permet l'accroissement de la puissance productive du travail. Mais il ne s'agit pas, puisqu'il y a division du travail, du travail individuel mais du résultat global du travail d'une *nation*. Cet accroissement de valeur, autrement dit la *richesse des nations*, est le résultat du travail salarié.

L'espace de marché

L'objet théorique de la *Richesse des nations* est de construire économiquement la nation. La nation est, comme l'État, une catégorie éminemment politique. Smith la pense comme surface de marché, espace d'échange. Cette conception de la nation, lieu de l'échange global, lui permet de définir le *produit national*. Pour Smith, l'échange est une *donnée naturelle* : les causes de la richesse et de l'opulence des nations sont révélées par l'analyse (l'économie politique) qui dévoile l'échange généralisé comme un *fait de nature* : les hommes, dit-il, ont un penchant naturel à l'échange. Il y a donc lieu de préserver cette « liberté naturelle » d'échanger, puisque l'échange est à lui-même son propre régulateur. La *nation* est le milieu *naturel* de l'échange *social*, elle est l'élément de cette liberté naturelle de sorte que le « souverain » n'a pas à y intervenir : l'unification de l'échange, son activation, sa généralisation est conforme à la nature. L'*économie marchande capitaliste* que Smith a sous les yeux, pour lui, est un fait de nature : le souverain (l'État) est et *doit* rester extérieur à la nation.

La distinction nation/État sur laquelle repose la naissance de l'économie politique est, par conséquent, une distinction *par nature*. En ce sens, l'économie politique a joué un rôle capital dans la distinction canonique sur laquelle repose le libéralisme politique : privé/public. C'est elle qui fait de cette distinction une *distinction réelle*. La nation est la sphère du privé, c'est-à-dire de l'échange selon la « liberté naturelle » ; quant à l'État, sphère du public, il est, de ce point de vue, le garant de la liberté naturelle, le gardien de la liberté d'échanger, le dépositaire des intérêts personnels : *propriété et droit*. S'il ne l'*est pas*, à tout le moins pour Adam Smith, c'est ce qu'il *devrait être*. Le maître de Smith, ici, est John Locke. L'« effort constant, uniforme et jamais interrompu de tout individu pour améliorer son sort » est le « principe », dit Smith, de l'opulence et de la paix ; le problème politique est de veiller à ne pas contrarier la dynamique « naturelle », le premier obstacle à son déploiement libre étant, selon Smith, « la folie du gouvernement » (p. 175).

C'est une simplification abusive de réduire Smith à n'être que le théoricien de la « main invisible », cette sorte de ruse de l'échange et de la nature à la faveur de laquelle, de la contradiction *et* de la complémentarité des intérêts individuels (individus ou classes) résulte un ordre providentiel *commun*. En fait, ce que prépare Smith, à son corps défendant, quand il dresse le *tableau des catégories économiques* (en quoi consistent véritablement les *Recherches*), c'est l'instrument de la critique la plus radicale de ce que, pourtant, il tient pour le meilleur : le *salariat* va se dresser contre l'État libéral « séparé » et l'*histoire* contre la « liberté naturelle ». Il n'en reste pas moins celui par qui l'économie devint *politique*.

LOUIS DE SAINT-JUST
1767-1794

L'Esprit de la Révolution
1791

Institutions républicaines [1]
1793

Si Saint-Just ne saurait, à lui seul, être tenu pour l'unique fondateur de la tradition jacobine, il en est cependant, à coup sûr, un bon représentant. Théoricien du gouvernement révolutionnaire, dans les fragments sur *Institutions républicaines* il contribue à la définition moderne de la république démocratique. Rien ne résume mieux la rigueur démocratique que cet aphorisme relevé dans *L'Esprit de la Révolution* : « Les pouvoirs doivent être modérés, les lois implacables, les principes sans retour » (p. 48).

Plaçant ses écrits sous le patronage de Montesquieu et de Rousseau, ce qui traverse son œuvre théorique est le souci permanent de la liberté. Or, celle-ci ne se peut réaliser, dit-il, si la nation ne se donne pas de bonnes institutions. C'est la *constitution* qui préserve de la tyrannie, l'obéissance aux lois qui en découle est seule à même

1. Édition et introduction R. Mandrou, U.G.E., 10/18, Paris, 1963.

de protéger le peuple du despotisme : « La constitution, dit Saint-Just, est le principe et le nœud des lois, toute institution qui n'émane pas de la constitution est tyrannie » (p. 49). Principe démocratique et règle constitutionnelle sont les deux pôles de la rigueur jacobine. Pour le Saint-Just de 1793, la France doit se donner des institutions. En 1789, il s'agissait d'abattre l'ancien régime, l'heure est désormais à l'édification de la *république*. Les fragments sur les *Institutions républicaines* doivent êtres lus avec l'œil de Machiavel. Autre trait du « jacobinisme » : la politique est une affaire qui touche à l'instauration d'un ordre nouveau. Pour Saint-Just, la question de l'État est celle que rencontre inévitablement toute révolution (Lénine pensera et agira de même) : prendre le pouvoir, c'est instituer un État *nouveau*.

Les fragments sur les *Institutions républicaines* dressent le catalogue théorique des mesures pratiques que la république nouvelle doit promouvoir. Le problème politique étant celui de l'État *et* de la révolution, la question de la république est celle-là même de son *institution*. C'est l'institutionnalisme qui forme l'essence du jacobinisme, en ce sens, celui-ci — comme Saint-Just lui-même — est bien le fils du XVIIIe siècle. « Le XVIIIe siècle, proclame Saint-Just, doit être mis au Panthéon » (p. 155). Le troisième fragment des *Institutions* est, à cet égard, on ne peut plus clair ; il manifeste la volonté de Saint-Just de faire de l'institution le *principe* de la république. « Institution » doit être entendu en deux sens ; c'est d'une part l'acte même de fonder (« instituer ») un ordre politique et social nouveau. Dans ce premier sens, il s'agit de l'acte fondateur par excellence, celui que Rousseau avait théorisé, le pacte social, pour où les hommes se donnent des lois et se constituent en *peuple*. Instituer c'est, pour Saint-Just, fonder la république. Au second sens, « institution » signifie l'ensemble des pouvoirs, son usage est pluriel et renvoie à Montesquieu.

Cinq « idées générales », comme il dit, montrent l'importance de l'institutionnalisme dans la pensée de Saint-Just. Première « idée générale » : *les institutions*. Il faut, selon lui, des institutions pour « épurer » les mœurs. Sans institutions, il n'y a ni mœurs, ni peuple, ni société politique. L'avènement de l'un comme de l'autre est un acte révolutionnaire fondateur : « Je crois que plus il y a d'institutions, plus le peuple est libre » (p. 142). Deuxième « idée générale » : *les lois*. Les lois positives procèdent de l'institution. Elles en sont la manifestation volontaire : c'est par elles que les institutions protègent de l'arbitraire : « Il faut peu de lois ; là où il y en a tant, le peuple est esclave » (p. 143). Troisième « idée générale » : *les mœurs*. Le thème de la « patrie en danger » a une signification politique profonde. La *patrie* c'est la communauté d'appartenance, la terre des pères : elle est consubstantielle à l'institution d'une république. Instituer c'est donner des « mœurs », c'est-à-dire instaurer la « patrie ». La séquence État, Nation, Patrie se résume bien dans la notion de mœurs, forme organique de l'institution. Si la forme de la patrie est dans l'acte qui la fonde, son contenu est dans sa sauvegarde et sa conservation. Le signe évident de la qualité des « mœurs » dans un État nouvellement institué est dans la *politisation de ses membres*. Celui-là est un « patriote », qui a le « sentiment vif » de la chose publique, d'où l'importance capitale que revêt l'éducation dans les *Institutions républicaines*. Quatrième « idée générale » : *république et gouvernement*. « Formons la cité, s'écrie Saint-Just, il est étonnant que cette idée n'ait pas encore été à l'ordre du jour » (p. 145). Il y a une distinction essentielle à faire entre le gouvernement et la « cité ». L'institution de cette dernière, pratiquement et théoriquement liée à la révolution, a pour objet la liberté et le bien de tous. La *liberté du peuple* est tout entière comprise dans sa *volonté*, de sorte que si le gouvernement est faible, les forces particulières qui s'y opposent sont autant de dangers et de menaces à la liberté. Aussi, le gouvernement doit-il être fort afin que le sentiment *commun* l'emporte sur les visées personnelles, ce qui fait que l'exercice du pouvoir est en conformité avec la volonté commune. Cinquième « idée générale » : *la révolution*. Dernière dans l'ordre de l'exposé, la *révolution* est pourtant première dans l'ordre des idées générales, c'est-à-dire dans l'ordre des choses. Et pour cause : elle est le *vrai principe de la solution au problème politique*. Instituer est un acte révolutionnaire. Si penser la politique c'est penser le bien commun, faire le bien commun c'est faire la révolution. Or, il y a un temps pour la révolution, mieux même, celle-ci a une durée qui lui est propre. C'est quand la liberté publique commence que la révolution se termine, et il faut, selon Saint-Just, saisir le moment opportun pour faire le « bien » car le bien que la révolution a en vue est « général ». La révolution, ce n'est donc pas l'insurrection, c'est l'institution d'un ordre politique, c'est le *commencement de la politique*. Pour cela, il faut des principes « sans retour » sinon la politique est corrompue et fait place au *pouvoir* : « La révolution est glacée, tous les principes sont affaiblis, il ne reste que des bonnets rouges portés par l'intrigue » (p. 148).

EMMANUEL KANT
1724-1804

Doctrine du droit [1]
1796

La *Doctrine du droit,* première partie de la *Métaphysique des mœurs*, n'est pas, à proprement parler, un livre de philosophie politique. L'ouvrage se divise en deux sections principales. La première traite du « droit privé », la seconde du « droit public ». C'est principalement dans cette deuxième section que Kant expose sa théorie de l'État ; la matière y est présentée, comme chez Rousseau, en terme de « droit politique ». C'est cette partie du texte qui nous intéresse principalement ici.

L'idée, le droit, l'État

« Un État (*civitas*) est l'unification d'une multiplicité d'hommes sous des lois juridiques » (§ 45). Cette définition marque bien que le propos de Kant est moins de saisir la nature politique de l'État, en insistant par exemple, comme Rousseau, sur la constitution politique ou sur la forme de l'autorité, que d'en saisir le principe juridique, ou plutôt de comprendre l'État *comme principe juridique*. Certes, le

1. Traduction A. Philonenko, Vrin, Paris, 1971.

problème posé par le pouvoir d'État n'est pas laissé de côté et, comme on le verra, il est au contraire analysé avec soin. Cependant, la défintion de l'État est d'abord de nature essentiellement juridique. C'est donc dans cette perspective que sera examinée la question de l'autorité qui apparaît comme une déduction des droits et des devoirs.

Mais l'État dont il s'agit, et donc l'État auquel le philosophe du droit a affaire, est d'abord cette « unification d'une multiplicité d'hommes ». Cette défintion renvoie à la distinction maintenant « classique » depuis Grotius et Hobbes entre « un état de nature » et un « état civil ».

Il convient donc aux yeux de Kant de bien distinguer les deux notions. En fait, ce sont là deux conditions *sociales* dans la mesure où dans l'un et l'autre cas, il y a des relations qui s'établissent entre les hommes. La différence vient seulement de ce que la seconde forme, la *civitas* ou État, se distingue de la première du seul fait qu'elle est régulée et structurée par un principe juridique, par une législation « extérieure ». Le problème politique est donc celui de la loi, c'est-à-dire celui des conditions grâce auxquelles les hommes réalisent leur unité sous la forme éminemment « politique » de la soumission à une contrainte publique légale, extérieure.

Cette soumission des hommes est la soumission à une loi juridique. On voit que l'idée d'un passage d'une forme à une autre revient à penser un contrat *originaire*. C'est par ce contrat que la république est fondée. Il n'y aurait rien là d'entièrement nouveau quant au principe si Kant ne déduisait ce concept du contrat de la notion même de l'État. Or, l'État est un concept du droit, et, pour Kant, c'est à partir de l'idée du droit, que le problème de l'État est pensable.

Alors que la philosophie contractualiste déduisait la nécessité de l'État, tout comme le passage à la société politique, de la description de l'état de nature, Kant, sans nier absolument cette bonne raison, ne la tient pas pourtant pour théoriquement satisfaisante en elle-même. L'*idée* de l'État ne procède pas de *faits* (bons ou mauvais) imputables à l'état de nature. Elle est au contraire une idée de la « raison » comme l'est le droit lui-même. La description que nous pouvons faire de l'état de nature pré-contractuel est donc est une description *a priori*, déduite par raison, car nul n'a jamais observé un tel état. D'ailleurs, dit Kant, les sauvages à l'état de nature n'ont pas laissé de documents sur lesquels il soit permis de fonder une interprétation : « Il s'ensuit, dit Kant, que les premières choses que l'homme se trouve obligé d'admettre, s'il ne veut point nier tout concept de droit est le concept suivant : il faut sortir de l'état de nature... et s'unir... dans une commune soumission à une contrainte publique » (§ 44). Il apparaît clairement au concept du droit qu'une vie *civile*, hors de toute contrainte juridique, n'existe pas non seulement réellement, mais encore selon la raison elle-même. L'État ne saurait être autrement pensé que comme le concept de la vie commune selon le droit, cette idée *a priori* de la raison.

Comme on peut le voir, la pensée *politique* de Kant repose sur une double déduction : premièrement, il déduit la notion de droit de la raison et, deuxièmement, il déduit la soumission dans l'État de cette même idée du droit.

Nature de la souveraineté

« Tout État contient en soi trois *pouvoirs*, c'est-à-dire la volonté générale unie en trois personnes : le *pouvoir souverain* (souveraineté) qui réside en la personne du législateur, le *pouvoir exécutif*, en la personne qui gouverne (conformément à la loi) et le *pouvoir judiciaire* qui attribue (à chacun le sien selon la loi) en la personne du juge. » (§ 45). La distinction des trois pouvoirs que Kant, plus que Montesquieu, interprète comme séparation, a pour but la soumission des « sujets » à l'autorité de l'Etat, c'est-à-dire à la loi entendue comme *pouvoir*. Outre la forme rhétorique formelle que Kant donne à la distinction des pouvoirs comme « personne », exprimant une seule « volonté », ce qui compte c'est leur commune vocation de se référer à une loi qui en est toujours le principe. Kant emprunte à Rousseau sa notion de « volonté générale » qui est, précisément, la loi. Caractérisée, chez Kant, par son extériorité (car elle s'impose au « sujet » du dehors) et par son autorité, la loi est ce qui maintient l'unité d'une « multiplicité d'hommes ». Elle n'est, en somme, que la promulgation consciente — volontaire — de la communauté en tant que telle ; elle en exprime aussi la puissance.

Pour cette raison, la question de l'*origine* du pouvoir suprême doit être regardée comme suspecte. Kant la déclare « insondable » pour le peuple qui y est soumis : elle ne saurait donner lieu à aucune enquête, aucune discussion, pourvu que la loi soit respectée et obéie. La *souveraineté* qui, selon Kant, se définit par l'éminence, ne tolère donc aucun manquement relativement à l'obéissance qui, toujours, lui est due. Soit l'exemple d'un peuple qui réclamerait le droit de juger le pouvoir suprême : ce droit n'en est pas un. Une telle mise en question de l'autorité souveraine est contradictoire en soi, car elle procède d'un peuple, déjà uni en corps et, comme tel, soumis à la « volonté universelle législatrice ». Dès lors, ce peuple ne saurait, sans se contredire comme peuple, se soustraire au souverain actuel de l'État car c'est par ce souverain et en lui, que l'unité du peuple est maintenue. Ici Kant abandonne Rousseau pour retenir la leçon de Hobbes ; en effet, chez Rousseau, « souverain » et « peuple » sont une seule et même personne. En tout cas, contester ou juger le pouvoir suprême du souverain revient donc en fait, selon Kant, à réclamer une autre loi civile.

Kant refuse donc toute espèce de légitimité à quelque tentative théorique (par exemple rechercher l'origine des États) et pratique (par exemple faire une révolution) de transformation de la loi. Cette loi, dont le souverain en charge est en somme l'incarnation vivante, est par essence sacrée. Non qu'elle procède directement de Dieu (comme dans l'affirmation de Paul : « Tout pouvoir est en Dieu »), mais parce que, ne souffrant aucune remise en question de son principe, elle renvoie moins, dit Kant, à un fondement historique qu'à une « Idée » comme principe pratique de la raison. Aussi, toute entreprise visant à changer quoi que ce soit à la législation civile existante est déjà par elle-même un *crime*. Il suit de là qu'un philosophe, un homme, ou en général un « sujet », cherchant à établir de nouveaux principes en se fondant sur l'origine de l'État, se place délibérément sous le coup de la loi civile existante et peut, selon Kant, de plein droit, être puni de mort : « Dans l'État, dit Kant, le souverain n'a que des droits envers les sujets et pas de devoirs » (p. 201).

Cette rigueur, aussi bien théorique que pénale, n'a d'autre objet que de fonder le pouvoir absolu de la loi et la puissance suprême du souverain. Il est naturel que Kant en vint à examiner le problème de la résistance. Résister au souverain est en soi illégitime et, comme on vient de le voir, ce n'est pas tant parce que le souverain est, comme tel, toujours respectueux du bien public et de la loi elle-même, que parce que la loi est, en soi, selon son principe, ce à quoi *il faut* obéir. Chez Kant, ce n'est donc pas le souverain qui est absolu, c'est la loi. C'est là une idée de la raison.

Le despotisme peut donc bien exister empiriquement, il ne constitue jamais en tant que tel, une raison valable pour lui résister. Kant, admirateur de la révolution française, ne saurait manquer d'évoquer le problème du tyrannicide et, précisément, le cas inouï où un peuple, se révoltant de fait contre son roi, non seulement le détrône, mais encore le décapite. On a vu que toute résistance est en soi illégale — *ipso facto* elle place son auteur en dehors de la loi. Elle est encore contradictoire avec l'idée de souveraineté. Pour être juridiquement valide, la résistance devrait être autorisée : c'est cette autorisation qui est contradictoire. En effet, elle reposerait sur cette idée que le souverain n'exerce pas la souveraineté, attendu que le peuple aurait le droit de le déposer, ou de lui résister. En sorte que ce serait faire du peuple ou de toute faction rebelle le véritable souverain. Cette situation (que Kant n'envisage que pour en réfuter la légalité, une loi l'autorisant serait une non-loi) est le signe infaillible de la décomposition de l'État et de la rechute dans l'état de nature sans loi.

Elle correspond à une absence de souveraineté réelle. Ce renversement du droit culmine sous les yeux de Kant, saisi d'horreur, dans ce qu'il fustige comme « exécution dans les formes » de Louis XVI. Le jugement qu'il porte sur cet événement est inspiré par le scandale inouï d'un peuple s'arrogeant le droit de *juger* son roi : « De toutes les atrocités qu'entraîne le renversement d'un État par la rébellion, s'émeut Kant, l'*assassinat* du monarque n'est rébellion, s'émeut Kant, l'*assassinat* du monarque n'est pas la pire... C'est l'*exécution dans les formes* qui saisit d'horreur l'âme remplie des Idées des droits de l'humanité chaque fois qu'elle y pense, ainsi le destin de Charles Ier ou de Louis XVI » (p. 203).

JOSEPH DE MAISTRE

1753-1821

Considérations sur la France [1]

1797

« Un des plus grands crimes que l'on puisse commettre, c'est sans doute l'attentat contre la *souveraineté*, nul n'ayant de suite plus terrible » (p. 25). Cette affirmation de Maistre, témoin fasciné d'une révolution qu'il déteste assez pour ne pas manquer de la comprendre, ménage un accès au concept central autour duquel s'ordonnent les *Considérations sur la France*. Pour Maistre, la *souveraineté* est l'âme de toute politique en sorte que les *Considérations*, qui sont historiquement un appel à la contre-révolution, exhortent à la restauration de la souveraineté. Mais surtout, l'ouvrage de Maistre est un appel à la restauration de la France, de sa dignité : « Il n'y a point de dignité en France, dit-il, pour la raison qu'il n'y a point de souveraineté » (p. 138). La souveraineté *du peuple* n'est pas *la* souveraineté et Rousseau, dit Maistre, « est l'homme du monde peut être qui s'est le plus trompé » (p. 70). Ces jugements ne prennent leur signification qu'en référence aux deux axes de la pensée maistrienne : fondamentalisme politique et ruse de la providence.

1. Editions Complexe, présentation de Pierre Manent, Bruxelles, 1988.

Fondamentalisme politique

L'ouvrage, cependant, n'est pas pour autant seulement un écrit de circonstance. C'est une prise de position proprement *réactionnaire*, non seulement au sujet de la révolution française, mais plus encore, au sujet de la *politique* en tant que telle. C'est pourquoi ce livre, dépassant largement son temps bien qu'il le pense (fût-ce à contre-courant), compte parmi les œuvres politiques majeures de l'époque moderne. De la sorte, l'entreprise de Maistre n'échappe pas à un paradoxe qui peut-être est consubstantiel à son projet politique : les *Considérations* sont, parmi les œuvres de la « modernité », celle qui avec le plus de radicalisme s'emploie à définir un *fondamentalisme politique* dont la signification globale est (d'où le paradoxe) d'être profondément *anti-moderne*.

Comme Burke, comme Bonald, Maistre est littéralement réactionnaire ; mais à la différence de ses deux prédécesseurs, il n'en reste pas là. Maistre s'élève, nous venons de le dire, à un fondamentalisme politique qui dépasse considérablement la réaction politique extrême à une politique historique jugée condamnable pour affirmer l'existence d'une politique atemporelle, indéterminée, non-circonstancielle, une politique fondamentale qui est, pour lui, la politique *en soi*. De ce point de vue, la critique que Maistre adresse au constitutionnalisme, réaffirmant après Burke et Bonald le caractère proprement inepte et non-avenu de la prétention *humaine* à légiférer (une constitution écrite, dit-il, n'est qu'un chiffon de papier), n'est pas en elle-même originale ; elle est aussi secondaire par rapport à la problématique fondamentale d'une politique en soi, car absolument donnée *a priori*.

La notion de souveraineté, dans ce contexte, est déterminante ; elle est bien le nerf de la thèse maistrienne. Cette notion en effet n'est pas chez lui seulement transcendante, en sorte que venue du divin elle s'impose alors aux hommes ; elle est surtout *transcendantale*. C'est-à-dire qu'elle existe *a priori* en dehors de toute incarnation historique ou humaine, elle existe en soi *avant* d'apparaître dans une société quelconque, de s'y manifester, *avant* d'organiser un peuple : *un peuple ne saurait donc en aucun cas l'organiser*. D'où la récusation, par Maistre, de ce sophisme absolu que constitue, à ses yeux, la « souveraineté du peuple ». Transcendantale donc (et non pas simplement transcendante), la souveraineté existe comme *ordre* en-deçà des volontés humaines, et point seulement comme injonction venue d'un au-delà des hommes. Transcendantale, la souveraineté l'est car elle échappe à toute détermination pour la bonne raison qu'elle *est* la détermination même. Elle est la détermination politique en tant que telle, ce sans quoi nulle politique n'est possible (nul *ordre*), elle est ce par quoi toute politique est possible.

L'objet du livre est ainsi de montrer comment et pourquoi la révolution française est la négation de toute politique parce qu'elle est la négation de toute souveraineté. La *souveraineté du peuple*, la *volonté générale*, ce dernier concept étant la conséquence du premier, sont pour Maistre les deux ingrédients d'une non-politique, celle dont est issue la révolution française telle qu'elle apparaît dans la vérité de son *crime* : avec la Terreur du Comité de salut public. On voit que le caractère transcendantal de la souveraineté confère une originalité radicale à la pensée de Maistre dans les *Considérations*. En effet, l'opposition violente à la révolution française n'est pas une simple réaction (ce qu'elle est de toute façon), elle est plus encore et profondément l'*affirmation* d'une politique ou, pour mieux dire, elle est de la part de Maistre l'affirmation de *la* politique en soi, face à la négation en soi de toute politique.

La signification de la critique maistrienne de la révolution française du point de vue de son fondamentalisme politique devient en quelque sorte évidente. Si la révolution française est la négation de toute politique cela apparaît visiblement, selon Maistre, dans le fait qu'elle est, en sa vérité, une révolution contre « la France ». En effet, les *Considérations* élèvent la « France » au rang de sujet politique : *France* est, dans l'esprit de Maistre, une personne en laquelle la providence incarne la politique. *France* est le territoire de la providence, lieu d'élection de l'Église. Si le « Roi » maistrien est pour ainsi dire le corps du souverain, la « France » de Maistre est son lieu personnifié.

Nous avons donc ici, réunis, tous les éléments de ce *fondamentalisme politique* auquel — depuis les courants légitimistes de la contre-révolution jusqu'à Maurras et de Maurras jusqu'à nous — s'alimente toute politique de l'ordre moral « monarchiste » ou « républicain ». Le point commun à ces courants de pensée est précisément le sujet politique qui leur est propre : la *France*. Observons que faire le « *don de sa personne à la France* » sera, par exemple, la formule sacrificielle employée par Philippe Pétain pour légitimer sa politique personnelle comme chef de l'« État français ».

Ruse de la providence

La *France* comme sujet providentiel, la *souveraineté* comme âme de la France et le *Roi* comme France incarnée telles sont donc les trois sources du fondamentalisme politique de Maistre. C'est au sein de cet espace théorique déterminé par ces trois coordonnées que se déploie la critique de la révolution et, corrélativement, l'appel à la contre-révolution.

Nous sommes donc loin, avec Maistre, d'une simple réaction politique, au contraire nous sommes, nous l'avons dit, en présence de l'affirmation d'une politique — le caractère transcendantal de la souveraineté. Et, de ce point de vue les arguments opposés par Maistre aux actes et exactions de la révolution ne sont pas essentiels. Maistre ne cherche pas à démontrer un principe — la constitution révolutionnaire par exemple — selon l'ordre des raisons en opposant ses propres raisons aux raisons des révolutionnaires. A proprement parler, Maistre, au contraire, transcende ce point de vue : il parle du point de vue supérieur de la providence, non du lieu trop « humain » de la raison.

Maistre n'est pas attaché à la discussion du projet révolutionnaire en tant que tel. Sans forcer le paradoxe rhétorique, dont Maistre use largement lui-même tout au long de son ouvrage, il faut plutôt dire que Maistre est un admirateur de la révolution car il y décèle la ruse de la providence. Si la révolution qu'il hait le fascine et, du coup, par un retournement proprement mystérieux, l'intéresse jusqu'à entreprendre de la penser, c'est qu'elle vérifie l'axiome du fondamentalisme : la France est la terre d'élection où s'opèrent les desseins cachés de la providence et s'instrumente la politique en soi. Si donc Maistre est fasciné par la révolution c'est qu'il y voit une épreuve à laquelle le christianisme se soumet lui-même afin de se régénérer. On pourrait dire (Maistre ne fait pas ce parallèle) que de même que le sac de Rome permit à la ville éternelle de devenir éternelle en lui permettant de devenir catholique, de même, en quelque sorte, l'épreuve de la révolution permettra à la France (*donc* aussi à la chrétienté) de se régénérer en régénérant la souveraineté, c'est-à-dire la monarchie.

Le providentialisme de Maistre est ainsi au service d'une régénération pour ainsi dire *cosmologique* tout à la fois de la France et de la souveraineté ce qui est la même chose. De sorte que la révolution en tant qu'événement humain temporel n'est digne d'intérêt pour Maistre que parce qu'elle lui permet d'y reconnaître un *signe* de la providence. Que manifeste donc la révolution comme signe du vouloir providentiel ? Ceci : que la révolution est, en son essence même, un *sacrifice*. Maistre dénombre trois millions de morts, victimes de « l'infernal » désordre. Ce bilan est le bilan d'un sacrifice qu'une multitude de Français menés par une poignée de comploteurs fait à « la France ». Pourtant, le triple complot — contre la France, contre la souveraineté, contre le christianisme, en vérité un seul et même complot envisagé sous ses trois composantes — n'est pas le fait des adorateurs de la guillotine siégeant au « Comité ». Ceux-là ne sont que des « facteurs ». Le complot est plus ancien, il est ourdi par la « philosophie moderne », c'est-à-dire par la raison et ses « lumières ». D'où la question soupçonneuse de Maistre : « Qu'est-ce que cette lumière que nous appelons *raison* ? » (p. 121).

Ainsi s'éclaire le fondamentalisme politique appliqué à la révolution française : celle-ci n'est bien qu'une vaste ruse de la providence qui fait s'affronter dans cette révolution raison et christianisme. « *D'où il suit* », observe Maistre, que tous les efforts de la révolution pour abattre la souveraineté — la monarchie, ici en France et *donc* dans l'univers — n'aboutiront qu'à l'exaltation du christianisme et de la monarchie. Maistre, on le voit, dépasse de beaucoup la *réaction* d'un Burke, de même qu'il dépasse le *providentialisme* d'un Bossuet ; il donne lieu à une politique transcendant les causalités humaines parce qu'elle prétend fonder toute puissance sur ce qui rend toute puissance possible : la souveraineté de Dieu instrumentée selon les voies cachées de la providence. D'où ce jugement serein qu'il porte sur la révolution française dont les « factions », dit-il, tour à tour ou ensemble « ont voulu l'avilissement, la destruction même du christianisme universel et de la monarchie ; *d'où il suit* que tous leurs efforts n'aboutiront qu'à l'exaltation du christianisme et de la monarchie » (p. 127). C'est Maistre lui-même qui souligne, non sans une pointe d'ironie satisfaite.

G.W.F. HEGEL

1770-1831

Principes de la Philosophie du droit[1]

1821

Les *Principes de la philosophie du droit* sont écrits du point de vue de la liberté « concrète », comme dit Hegel, autrement dit du point de vue de l'État. Or, si dans l'ordre des raisons l'État est à la fin de l'exposé, en sorte qu'on y arrive au terme de la lecture de l'ouvrage, il ne cesse pas pour autant d'être le seul point de départ réel et efficace. Ce que développent les *Principes* est cette prééminence de l'État sur tout autre manifestation de la vie politique. C'est la co-présence de la totalité dans chacune de ses parties.

Le *Droit abstrait* (Livre I) n'est qu'une partie de la vie politique, c'est-à-dire de la totalité concrète qu'est l'État. La totalité éclaire et donne sens à chaque partie ; l'État n'est donc pas une chose, il est l'intégration des parties, *totalité intégrée,* il est ce par quoi les parties ou éléments sont discernables, non seulement pour ce qu'ils croient être, mais encore et surtout pour ce qu'ils *sont* en effet : des *abstractions*.

S'expliquent alors les deux axes par où devient *pensable*

1. Trad. A. Kaan, Paris, 1940.

le problème politique. Le point de vue selon lequel l'État doit être compris comme « ce qui est » est ce qui permet au philosophe de comprendre ce qu'est l'État conformément à son concept. L'exposé de cette connaissance s'effectue comme genèse interne du concept, ou développement des déterminations immanentes de la liberté.

L'État considéré comme « ce qui est »

Si la science, c'est-à-dire pour Hegel la philosophie, s'occupe de ce qui est, le plan du « devoir être » n'est pas pour autant exclu de son domaine. La « science de l'État » n'a pas à construire de chimères sous peine de sombrer dans l'abstraction de l'opinion subjective, c'est-à-dire de l'arbitraire. Elle ne dit pas ce qui doit être, mais ce qui est. Elle expose, par conséquent, comment ce qui est doit être connu. « Ainsi, écrit Hegel, notre traité offrant la science de l'État, ne veut rien représenter d'autre qu'un essai pour concevoir l'État comme quelque chose de rationnel en soi. Il est un écrit philosophique et rien n'est plus éloigné de son intention que de construire un idéal de l'État comme il doit être. S'il contient une leçon, cette leçon n'est pas adressée à l'État, elle enseigne plutôt comment celui-ci, qui est l'univers moral, doit être connu » (Préface).

Saisir ce qui est, c'est en produire le principe ; le seul « devoir » auquel la science de l'État soit tenu, c'est l'exigence où elle se trouve de prendre la chose par son principe. Ce n'est pas la vocation de la *science* de produire des modèles : on pourrait en construire autant qu'il y a d'individus et de partis. Il s'agit donc, en politique comme ailleurs, de découvrir les *principes*. D'où le titre de l'ouvrage.

Deux idées sont dès lors écartées du domaine d'investigation de la science de l'État. C'est d'abord l'*origine* : connaître l'État ce n'est pas enquêter sur son origine fondatrice. L'idée de l'origine de l'État n'est que l'expression, en dernière analyse, de la subjectivité de l'opinion qui l'exprime. Ainsi Rousseau, qui a très bien vu que l'idée de l'État c'est justement de comprendre l'État comme Idée (la volonté qui est « pensée ») a corrompu sa propre découverte en pensant cette volonté dans la forme de la volonté individuelle contingente. Les questions relatives à l'origine de l'État ou plutôt de chaque État particulier « n'intéressent pas l'idée de l'État elle-même mais eu égard à la connaissance philosophique dont seule il est question ici, c'est un simple phénomène, une affaire historique » (§ 258-R).

Quel est donc le reproche adressé par Hegel à Rousseau, que ce reproche soit justifié ou non, bien entendu ? C'est d'avoir finalement accrédité l'idée que l'État n'est pas nécessaire puisque fondé sur l'opinion des contractants, de sorte qu'il peut, dès lors, paraître, dit Hegel, « facultatif d'être membre d'un État ». La critique du recours à l'origine (historique ou logique) consiste donc en ceci que précisément l'historicité de l'État n'est pas pensée : l'État n'a pas d'origine, celle-ci est exclue de la science de l'État. Corrélativement, le règne des fins est également expulsé. Considérer *ce qui* est ce n'est pas en chercher la fin externe, c'est au contraire montrer que l'*État est à lui-même sa propre fin.* Concevoir ce qui est c'est donc substituer à une finalité historique externe un processus interne, autonome, la genèse immanente de la chose.

Ainsi, l'État n'est pas différent de ce qu'il peut être ou pourrait être ; la politique n'a pas de fins supérieures providentielles dont elle dépendrait en quelque façon, elle n'a pas de fins dernières vers lesquelles elle *doive* tendre — elle est elle-même la fin. N'ayant pas de fin puisqu'il *est* la fin, la science de l'État ne fait que rendre compte rétrospectivement de la vie interne, constitutive de l'État. Tout ce qui n'est pas l'État, en tant que tel, peut et doit être connu comme son élément particulier.

Disons donc que du point de vue d'une *science de l'État,* l'État, qui n'a pas d'origine, n'a pas non plus de fin ; il a seulement des principes que son concept exprime. Étant ce qui est, il est, *dans son concept*, et l'origine et la fin.

Ayant écarté le problème de l'origine du champ de la science de l'État, Hegel écarte encore le point de vue de la *particularité.* En effet, l'idée de Hegel, développée tout au long de l'ouvrage, selon laquelle la subjectivité (juridique ou morale) et son pendant « objectif » (famille et société civile) ne sont pas expressifs, par eux-mêmes, de la vie de l'État en tant que telle, a pour fondement que c'est l'État qui donne son sens à chacun des moments qui sont comme autant de particularités entrant dans son concept : « En face des sphères du droit privé et de l'intérêt particulier, écrit-il, de la famille et de la société civile, l'État est d'une part une nécessité externe et une puissance plus élevée... mais, d'autre part, il est leur but immanent (§ 261).

Connaître l'État dans ce qu'il est concrètement (universellement), c'est rapporter et développer *toutes* ses déterminations. Les moments abstraits de la totalité concrète, de la *liberté* en soi et pour soi, sont les particularités empiriques de son concept. Les *Principes* de Hegel s'emploient à exposer *dans l'ordre* toutes les déterminations constitutives de l'État moderne tel qu'il est dans son concept. Et l'État, dit Hegel, est « la réalité de l'Idée morale objective » (§ 257).

Ce qu'est l'État

L'évacuation du point de vue normatif en philosophie politique comme, du reste, en philosophie tout court, point de vue qui culmine dans la disqualification de l'*évaluation* de l'être par le « devoir être », a pour effet de remettre l'État à sa vraie place, c'est-à-dire au lieu propre qu'il occupe. L'État n'est concerné ni par les arrière-mondes, ni par l'au-delà de ce monde. Pour être *ce qu*'il est, il est à la fois son origine et sa fin. C'est dire qu'il est le Tout. L'idée hégélienne d'une « science de l'État » ne peut consister, dès lors, que dans le déploiement interne et autonome de son concept : la *liberté*. La liberté forme la substance éthique de l'État, en sorte qu'il y a un mouvement, allant de l'origine à la fin, à l'intérieur même du concept, et c'est ce mouvement (que Hegel nomme « dialectique ») que la science de la politique saisit comme déploiement et effectuation de la liberté, comme réalisation de la liberté. Ainsi l'État est-il lié à la liberté non par une relation d'extériorité, mais par un processus interne constitutif à la fois de la liberté et de l'État lui-même.

Ce mouvement, nous avons à le comprendre selon les deux modes nullement contradictoires, de l'extériorité et de l'intériorité. C'est par le premier mode que le second peut être atteint : l'État qui est (à) la fin, pour cette raison même, n'est pas donné *en totalité* dès le commencement. Que ce commencement soit dans le livre ou dans la chose elle-même. Il y a donc une conquête de la totalité, qui est la liberté même, qui s'opère selon un processus endogène, dont chaque moment est partie intégrante du tout : « Il faut qu'on reconnaisse, affirme Hegel, que l'idée de la liberté n'est vraiment que dans la réalité de l'État » (§ 57-R).

La *relation de l'individu à l'État*, relation de la plus extrême singularité à la plus parfaite universalité, est de ce point de vue exemplaire de ce processus de production par soi-même de la liberté à partir de ce qui n'est pas elle ou, si l'on veut, de l'État à partir de son contraire ; c'est ce que révèle la dialectique des droits et des devoirs : « L'individu dans l'accomplissement de son devoir doit trouver en même temps son compte, son intérêt personnel ou sa satisfaction et, de sa situation dans l'État, résulte un droit par lequel la chose publique devient en même temps sa chose particulière » (§ 216-R).

Donc, si l'exposé par Hegel de la « science de l'État », le plan des *Principes*, réserve l'État à la fin, c'est, certes, parce que l'État doit être connu comme il est, mais surtout c'est parce qu'il se révèle *en totalité et en vérité* une fois seulement que toutes ses parties constitutives ont épuisé leur sphère particulière de réalité. Alors, mais alors seulement, le concept de l'État est compréhensible, ou plutôt pensable : l'État n'est rien que l'achèvement des réalités partielles telles que la propriété, la famille ou la société civile. Tirant sa réalité substantielle des sphères de la particularité qui s'abolissent d'elles-mêmes, l'État est ce qui reste quand l'insuffisance du droit privé et de la moralité abstraite s'est manifestée.

Mais ce serait perdre toute la profondeur de cette idée si l'on ne voyait dans l'État que cette substitution du règne de la suffisance au règne de la nécessité, du domaine du concret et de l'universalité au domaine de l'abstraction et de la particularité. En effet, la signification du hégélianisme en politique tient à ce que l'État, ainsi pensé, ne peut résulter du seul « dépassement » de la propriété, de la subjectivité moralisante, de la famille et du « besoin » que pour autant qu'il en est le principe commun. C'est pourquoi Hegel dit qu'il est la *réalité de l'Idée morale*, de sorte que toute autre réalité en procède.

Le plan de l'ouvrage montre ainsi que l'État est le lieu où s'affirme *la réalité de ce qui est*. « Ce qui est » (propriété, sujet moral, famille, société civile) n'est pas dans une relation d'extériorité par rapport à la sphère de l'État proprement dit. Certes, l'État doit être distingué de chacun de ces niveaux, mais c'est seulement *de son point de vue* que ceux-ci acquièrent quelque réalité. Prises une à une, ces figures particulières ne manifestent qu'elles-mêmes, mais saisies dans la rétrospection de *ce qui* leur assigne le statut de la particularité, saisies dans leur rapport à la totalité, elles participent au point de vue supérieur de l'État — à l'universel. Dans l'État, celles-ci trouvent leur sens, leur précision, leur validité ; leur partialité même devient positivité. Sans lui, elles ne feraient que se dissoudre dans l'horizon borné de la particularité, elles ne feraient que juxtaposer leur abstraction dans une cohabitation inorganique, non raisonnable, c'est-à-dire arbitraire.

Qu'est-ce que l'État ? C'est la gestion de la particularité abstraite du point de vue de l'universalité concrète. On voit que la solution hégélienne au problème politique est, finalement, d'une grande simplicité : l'État est l'origine et la fin de la liberté.

Note sur la genèse interne du concept

La *propriété*. Le « droit abstrait », exposé dans la première partie des *Principes*, est le moment de la subjectivité immédiate en tant qu'elle s'exprime juridiquement dans la *chose*. C'est pourquoi le développement se nomme « droit abstrait » : il concerne le moment de la liberté comme extérieure à elle-même, comme différence interne primitive au concept. La liberté est un processus qui doit retrouver sa pleine intériorité. Or, ici, la liberté existe bien, mais elle n'est pas en elle-même, elle ne manifeste pas encore ce qu'elle est réellement. D'une part, elle gît dans la volonté du sujet, d'autre part elle *dépend* de ce qui est extérieur à la volonté subjective : la *chose*. « La personne, écrit-il, expliquant ainsi le fondement essentiel de la propriété, a le droit de placer sa volonté dans la chose, qui alors devient sienne... C'est le droit d'appropriation de l'homme sur toutes choses » (§ 44).

Le chapitre traitant du *droit abstrait* est donc un exposé conceptuel du droit (privé) subjectif d'appropriation. La « liberté » s'y affirme comme puissance volontaire d'appropriation et comme droit. C'est dans la propriété, la chose même où ma volonté subjective s'imprime et pose sa marque, que se manifeste l'existence, la forme élémentaire non pleinement avérée, de la liberté, dont le *droit privé* (subjectif) est la codification empirique générale. Or, cette généralité même, parce qu'elle s'occupe d'une volonté individuelle est *privée* d'universalité.

On voit que ce qu'on appelle « droit privé » n'est que la généralisation encore abstraite, car unilatérale, de la liberté considérée du point de vue partial et provisoire du *sujet* singulier.

C'est la liberté au stade de l'*individualisme possessif*, et la description que Hegel en donne en marque la limite absolue : la liberté n'est pas du ressort de l'individu, fût-il « propriétaire ». La liberté n'est pas entièrement chez elle dans l'intimité d'un sujet privé volontaire qui, pourtant, en fait le premier l'expérience. C'est plutôt, pour Hegel, le plus bas degré de la liberté. Ce premier degré est cependant nécessaire, quoique non pleinement *réel*. Ayant affaire au seul sujet de droit, l'individu propriétaire, le droit (privé) subjectif est l'aveu de son insuffisance à rendre pleinement la liberté concrète. Si la liberté s'atteste des prérogatives d'une subjectivité juridiquement définie, à savoir le *droit* absolument incontestable qu'a tout individu de s'approprier la chose, *elle ne s'en affirme point*. Car l'individu « libre » ne suffit pas à la liberté en tant que telle.

En tant que telle, en effet, la liberté n'est pas plus liberté de *ceci* plutôt que de *cela*, elle n'est pas la liberté d'un tel, de tel autre, de quelqu'un ou de quelque chose. La liberté attachée à une existence particulière individuelle, et partant contingente, est une liberté amputée d'elle-même.

Aussi, si la liberté existe cependant à ce niveau élémentaire du *droit privé*, « droit abstrait », c'est justement parce qu'elle existe, pour ainsi dire, négativement : par son absence même, l'État est présent au droit (privé) subjectif qui en est, dès lors, une partie.

La *société civile*. La notion de société civile avait jusqu'à Hegel une signification différentielle : elle désignait chez les théoriciens contractualistes, en droit politique, l'état de société opposé à l'état de nature. « Société civile » et « société politique » sont, en ce sens, équivalents ; Locke, par exemple, intitule le chapitre VII de son *Deuxième traité du gouvernement civil* — « De la société politique ou civile ». Quant à son introduction dans le vocabulaire politique, c'est à Marsile de Padoue qu'on le doit. La société civile renvoie, depuis lors, à l'*origine* de la vie étatique, et à sa structure globale comme totalité homogène. La société civile est le tout de l'État, elle *est* l'État entendu généralement comme communauté réglée par des lois, une définition qui est celle, précisément, que lui donne encore Locke. Il est clair que dans cette tradition, la « société civile » est l'élément de la liberté ; ce qu'elle était déjà chez Marsile qui, l'opposant à la société *ecclésiastique*, trouvait dans cette opposition la condition même de la « paix » et donc aussi de la liberté.

Hegel infléchit cette tradition, sans la disqualifier pour autant ; la « société civile » n'est plus chez lui la totalité politique, en tant que telle, mais la sphère de l'*économique*. Au reste, Marsile, en produisant la notion, y voyait déjà le lieu de l'« échange ». Hegel la nomme « société civile *bourgeoise* ». Le *bourgeois*, c'est l'*homo-œconomicus*, son milieu d'activité est la « société civile ». C'est ainsi d'ailleurs qu'Adam Smith l'entendait et qu'il nommait « Nation », c'est-à-dire la sphère au sein de laquelle le jeu naturel des intérêts personnels concoure à la richesse commune, « nationale ».

La redéfinition du concept de « société civile » dans les *Principes* signifie d'abord que la sphère économique ne saurait prétendre au titre de l'universalité, seul l'État le peut. Ensuite, de même que la propriété et son expression juridique en droit privé ne pouvaient prétendre à *être* la liberté, de même l'activité économique qui est la sphère du « besoin » ne peut pas non plus *être* cette liberté — c'est l'État qui le peut : « C'est à l'intérieur de lui, dit Hegel, que la famille se développe en société civile et c'est l'idée de l'État elle-même qui se divise en ces deux moments » (§ 256-R).

CARL VON CLAUSEWITZ

1780-1831

De la Guerre [1]

1834

La célèbre formule de Clausewitz : « La guerre est une simple continuation de la politique par d'autres moyens », n'est pas immédiatement transparente. Tout d'abord, son interprétation dépend de ce que l'on entend par politique ; il s'agit pour Clausewitz de la politique d'*État*, autrement dit la guerre est pour lui un acte de la souveraineté. Ensuite, puisque la guerre en est la « simple continuation » (par d'autres moyens), elle ne se réduit pas à la politique car, si c'était le cas, les moyens mis en œuvre seraient les mêmes que ceux employés en politique et, dès lors, il n'y aurait pas de différence entre guerre et politique, ce qui est absurde. Saisir ce qui relève spécifiquement de la guerre, c'est précisément déterminer *en quoi* la guerre moderne se rapporte à la politique d'État.

Grammaire de la guerre et logique politique

Ayant posé au début de l'ouvrage la définition qu'on vient de rappeler, Clausewitz y revient à la fin, au Livre

1. Traduction D. Naville, introduction P. Naville, Éd. de Minuit, Paris, 1955.

VIII de *De la Guerre*. C'est là qu'est la clé de l'ouvrage, par où tout le reste s'éclaire. « La guerre, écrit-il, n'est qu'une partie des rapports politiques, et par conséquent nullement quelque chose d'indépendant... La guerre n'est rien d'autre que la continuation des relations politiques, avec l'appoint d'autres moyens » (p. 703). Ce qui relie la guerre à la politique est repérable sous la forme du rapport du tout à la partie. Bien situer la partie dans la totalité, c'est montrer en quoi la partie en diffère, sans cesser jamais de lui appartenir. La célèbre formule est donc intelligible si on garde à l'esprit *et* la différence qu'elle suppose *et* l'appartenance qu'elle maintient. La *guerre n'a pas d'histoire*, dit Clausewitz, bien qu'il y ait une histoire de la guerre (en fait, la chronique des batailles) à laquelle Clausewitz se rapporte sans cesse. Si la guerre n'a pas d'histoire, c'est que son *objet* — son objectif — ne lui appartient pas en propre : les États ne font pas la guerre pour la guerre. L'acte de guerre est suspendu à l'*objectif politique* : c'est le côté des choses par où les conflits armés sont déclarés par Clausewitz être des moyens de la politique. Ce qui est rapporter la guerre à une *fin* qui lui est pour ainsi dire externe : une fin politique.

La violence armée est donc une détermination de la politique d'État. C'est ainsi seulement qu'elle peut être comprise et, du coup, rendue à elle-même. La liaison essentielle qu'établit Clausewitz entre guerre et politique a donc pour effet de rapporter la guerre à son objet véritable, la *volonté* politique des belligérants. La guerre, dit Clausewitz, est « une autre manière de penser » que celle pratiquée par les États en temps de paix. C'est parce qu'elle est une manière de penser (et de faire de) la politique, qu'elle devient *pensable*. Clausewitz récuse à l'avance toute tentative d'isolement du « phénomène guerre » qui fait de la violence armée un objet d'étude relevant de la sociologie empirique générale. Il y a, dit-il, un « concept » de la guerre auquel se rapportent les conflits réels car il permet de les comprendre. Ceux-ci n'ont donc pas en eux-mêmes leur principe d'intelligibilité, ce qui fait dire à bon droit que, pour l'auteur de *De la Guerre*, celle-ci n'a pas d'histoire, mais qu'il y a une évolution empirique des formes guerrières : « Si la guerre appartient à la politique, elle prendra naturellement son caractère » (p. 704).

Subordination de la guerre à la politique

La guerre n'étant pas un phénomène autonome, penser la guerre consiste à penser ses déterminations. Pour Clausewitz, la guerre appartient au domaine de l'existence sociale. Mais, dans la totalité sociale, c'est cependant la politique qui est la « matrice » de la guerre. Rapporter la guerre à ses déterminations, c'est montrer qu'elle est sécrétée par la forme que prennent à un moment donné de l'histoire des sociétés, les relations politiques globales. Il faut donc toujours considérer les trois caractéristiques fondamentales de la guerre à savoir qu'elle est un conflit d'origine sociale ; qu'elle est une forme de violence, mais qu'elle ne se réduit pas à la pure et simple violence, mais à la politique comme violence ; enfin, qu'elle est une propriété de l'existence sociale.

Ces trois caractéristiques ramènent la guerre à sa détermination fondamentale d'être « instrument de la politique ». Mais on ne doit pas penser pour autant la violence armée de manière simplement instrumentale au sens où elle serait un outil du pouvoir. Clausewitz est étranger à une conception instrumentaliste de la guerre, conception qui en vient à nier la *différence* qui existe toujours entre guerre et politique. Celle-ci est la « matrice » de celle-là, c'est dire qu'elle lui imprime sa forme et fixe sa structure. Ainsi déterminée, la guerre peut être, au plus fort du combat, le plus haut degré de la politique, son expression la plus achevée, mais pour autant elle ne s'y réduit pas. La subordination de la guerre à la politique signifie donc seulement que la guerre a une finalité qui la dépasse, ce qui révèle pleinement sa qualité d'être un *moyen*. Subordination n'est donc pas soumission.

Guerre absolue et guerre réelle

Ainsi fixée dans son autonomie *et* dans sa dépendance — les *buts* militaires se distinguent des *fins* politiques —

non seulement du côté de la politique, mais plus amplement vis-à-vis de « l'existence sociale » dont elle procède, la guerre est désormais un *objet de pensée.* Penser la guerre c'est montrer comment la *théorie* s'articule à la *pratique* des conflits réels. Cette articulation théorie/pratique a sa source dans la détermination socio-politique de la violence : elle *est* cette détermination. C'est ainsi que l'acte de guerre — « pulsation régulière de la violence » (p. 66) — est connaissable. « La guerre, déclare Clausewitz, est un acte de violence et il n'y a pas de limite à la manifestation de cette violence » (p. 53), ce qui permet d'en saisir « l'essence ».

Le concept de la guerre, c'est-à-dire la guerre *en soi*, exprime son essence absolue : il est le terme abstrait en lequel se résout et s'exprime l'acte de guerre en tant que tel. C'est pourquoi la guerre n'est pas une manifestation en général de la violence abstraite, mais elle est le conflit — dont la *forme* est le duel — mené aux extrêmes, c'est-à-dire jusqu'à l'épuisement total de l'un ou l'autre des duellistes. Ainsi conceptualisée en son essence de « montée aux extrêmes » (le sans-limite) la guerre réelle qui se joue effectivement sur le champ de bataille est en quelque sorte *décidable.* La guerre réelle est toujours plus ou moins conforme à son concept ou définition par l'essence, le choix de l'escalade, de la « montée » en puissance est un choix rationnel, décidable en principe car susceptible d'une évaluation.

La guerre est cette « étrange trinité » (p. 69), comme dit Clausewitz, découverte par la *théorie* : son élément est la violence originelle, ensuite son mode d'être est le jeu (probabilité, hasard), enfin son esprit est la politique (« entendement pur »). La théorie de la guerre est l'énoncé de ces trois tendances, de leur action et réaction, de leur équilibre et de leur déséquilibre.

La *théorie*, parce qu'elle forme le concept de la guerre, la guerre absolue, permet ainsi d'évaluer la guerre réelle, celle qui a lieu sur le champ de bataille. La liaison de la théorie à la pratique est du coup démontrée, mais ce n'est pas au prix d'un empirisme pour lequel ce qui est bon en théorie est plus ou moins bon en pratique. « Maintenir la théorie sur le *terrain* de la pratique » (p. 138), c'est pour le théoricien prussien repérer comment leur osmose, leur interpénétration est essentielle à la compréhension de toute chose et, au premier chef, de la guerre. Le lien théorie/pratique n'est pas extérieur aux termes, ce n'est pas une « relation » qui, en définitive, laisserait théorie et pratique face à face, la relation étant alors le produit de l'activité mentale du sujet connaissant. L'affirmation clausewitzienne tient au contraire (c'est la même chose chez Hegel) à ce qu'elle nomme « réel » ou « réalité » le lien commun aux deux ; il ne dépend pas de la volonté des hommes de les séparer ou de les unir.

C'est parce que Bonaparte, « dieu de la guerre » (p. 677), fait la guerre *conformément à son concept* — il est le concept fait homme — que l'essence absolue de la guerre, violence *extrême*, est pensable. S'il en est ainsi, c'est que, avec la révolution française, un personnage politique entre effectivement en scène, qui ne la quittera plus, le *peuple*. C'est la guerre *populaire* qui rend pensable le concept politique de la guerre en soi. Ce qui fait la grandeur de *De la Guerre*, est que, ramenant celle-ci à sa dimension politique, Clausewitz en forme par cela seul le concept. Or, le sujet politique est le « peuple ». C'est la catégorie du *peuple* qui rend pensable le concept de la guerre : la guerre absolue est une guerre *populaire*. Tel est, pour Clausewitz, le sens et l'exemplarité des conquêtes napoléoniennes. Si donc la guerre reçoit sa théorie avec Clausewitz, c'est que, historiquement, le peuple est devenu un agent politique réel ; Clausewitz perçoit dans la révolution française l'avènement de la guerre moderne. Les guerres révolutionnaires jettent dans la bataille, non pas une armée, mais une *nation* armée. L'essence de la guerre coïncide alors avec l'essence de la politique d'État fondée sur la « souveraineté du peuple ».

Clausewitz interprète, du point de vue qui est le sien, celui d'un général sans gloire militaire, la structure « populaire » de l'État telle que la révolution française la lègue à l'Europe et, peut-on dire, au monde. C'est pourquoi Clausewitz est à la source de toute la théorie de la guerre jusqu'à la fin du XXe siècle : guerre nucléaire ou guerre de libération. Saisissant l'essence de la guerre comme acte de la souveraineté, Clausewitz saisit du même coup l'essence de l'État moderne.

ALEXIS DE TOCQUEVILLE

1805-1859

De la Démocratie en Amérique

1835

Dans la préface qu'il donne à la douzième édition de son ouvrage, au lendemain de la révolution de 1848, Tocqueville précise qu'il n'a pas eu l'intention de porter un *jugement* sur ce qui lui semble être la marche nécessaire et « irrésistible » des sociétés vers la démocratie. La démocratie est l'expression politique de la « révolution sociale », laquelle est très largement dans son esprit la révolution de l'*égalité*.

Démocratie sociale et démocratie politique

La démocratie politique dont le principe général est la « *souveraineté du peuple* » est donc la forme que prend l'égalité sociale, mieux, elle en dérive. Or cette forme est la liberté même. Égalité et liberté sont les deux piliers de *La Démocratie*. Aussi, quand Tocqueville explique l'évolution historique en terme de « révolution sociale » faut-il comprendre que la clé de la forme politique réside dans la configuration sociale ; la démocratie comme forme de la liberté politique n'est que l'expression de l'« état social ». La société civile est la clé de la société politique. C'est ainsi, par exemple, que l'ouvrage entier commence par un examen de l'« état social » des Américains : Tocqueville explique notamment que les lois sociales, autrement dit celles qui règlent la « société civile », déterminent les lois *politiques*, qui sont les lois de l'État. Aussi on peut dire que le schéma conceptuel de l'ouvrage repose sur l'idée selon laquelle l'état social d'un peuple quelconque doit être compris selon son *rapport à l'égalité* ; cependant que son état politique doit l'être selon son *rapport à la liberté*. Le premier étant la clé du second.

Mettre en rapport ces deux éléments — *égalité sociale* et *liberté politique* — est, peut-on dire, le principe méthodique de *La Démocratie*. Il ne semble pas que Tocqueville ait entrepris de *fonder* ce principe de méthode. Il considère comme allant de soi l'idée, héritée du XVIIIe siècle et reçue du libéralisme de son temps (Guizot, dont il a suivi le cours d'*Histoire de la civilisation en Europe*, Benjamin Constant), que la philosophie de la politique ne relève plus comme c'était le cas chez Rousseau, par exemple, d'une philosophie politique, mais plutôt d'une *philosophie sociale*. Ce que l'on appellera après Auguste Comte une *sociologie*. En effet, si l'on considère l'idée pourtant centrale de « souveraineté du peuple », on constate que Tocqueville l'étudie beaucoup plus dans ses modalités et ses effets sociaux que dans sa conceptualité proprement politique. Chez lui la notion de « souveraineté du peuple » donne beaucoup moins lieu à la compréhension de la démocratie politique qu'à celle de la démocratie sociale. C'est d'ailleurs ce point qui fait toute l'originalité de son ouvrage : il montre que la démocratie américaine n'est une démocratie politique, c'est-à-dire garantissant la liberté, que parce qu'elle est d'abord une *démocratie sociale* fondée sur l'égalité.

Aussi, quand Tocqueville, dans sa préface à l'édition de 1848, constate que le mouvement de l'histoire est celui de l'égalité, son souci de penseur (et peut-être son inquiétude d'aristocrate éclairé) est de rappeler que le problème qui se pose aux Français, et que les Américains ont résolu voici soixante ans, est que la *démocratie,* désormais « irrésistible », sache faire le choix entre « liberté démocratique ou tyrannie démocratique ».

C'est donc cette alternative interne à la démocratie, ou

plutôt cette tension constitutive de la fondation démocratique, qui fait l'objet théorique de *La Démocratie* : l'égalité politique comme substance de la « souveraineté du peuple » peut être obtenue par la terreur (égalité de tous devant le tyran) ou par la liberté (égalité de tous dans la « société civile »). Pour Tocqueville, il ne fait pas de doute que la révolution d'Amérique, et point du tout la révolution de France a, seule dans les temps modernes, réussi la fondation démocratique de la liberté. La Terreur robespierriste incontestablement fondée sur une version politique — et non sociale — de la « souveraineté du peuple » est, au contraire, pour Tocqueville, une corruption, au sens antique et platonicien du terme, de la démocratie.

Quoi qu'il en soit, l'ouvrage doit être lu en ayant à l'esprit le postulat empirique d'une distinction existant entre « société civile » et « société politique » (ou État). Le chapitre IV (Partie I, volume 1) est à cet égard extrêmement éclairant quant au présupposé sociologique de Tocqueville. Traitant « *Du principe de la souveraineté du peuple en Amérique* », Tocqueville y déclare qu'il y a des pays où « le pouvoir est en quelque sorte extérieur au corps social, agit sur lui et le force de marcher dans une certaine voie ». A cette configuration s'oppose celle où « la force est divisée, étant à la fois placée dans la société et hors d'elle ». Et Tocqueville peut alors expliquer que, en Amérique, on ne rencontre pas cette distance, cette séparation du pouvoir (la « force ») et de la société. En sorte que le pouvoir est pour ainsi dire immanent à la société civile : « La société, écrit Tocqueville, y agit par elle-même et sur elle-même. Il n'existe de puissance que dans son sein ; on ne rencontre même presque personne qui ose concevoir et surtout exprimer l'idée d'en chercher ailleurs ».

Telle est donc, selon Tocqueville, l'essence et la nature de la démocratie en Amérique : le pouvoir circule dans la société civile, au sein du peuple qui exprime sa liberté par le suffrage universel.

Le modèle sociologique qui distingue société civile et pouvoir (État) permet à Tocqueville de construire sa notion de « liberté démocratique » opposée fermement à « tyrannie démocratique » : il y a liberté quand le pouvoir est immergé au sein de la société civile ; au contraire, il y a tyrannie quand le pouvoir est extérieur à elle et l'opprime. Dans les deux cas les hommes sont *égaux*. Mais on voit clairement que l'égalité peut s'opposer radicalement à la liberté. C'est cette antinomie — égalité/liberté — qu'examine le second volume de *La Démocratie*.

Observons au passage que la distinction société civile/État mise en œuvre par Tocqueville est celle qui est encore utilisée aujourd'hui en sociologie politique pour rendre compte du « totalitarisme » et pour construire le modèle antithétique d'une « démocratie » non autoritaire, non centralisée. Alors que le « totalitarisme » serait formellement l'absorbtion totale de la société par l'État, la démocratie véritable serait la quasi immersion de l'État dans la société civile. Sans entrer ici dans le détail, on doit cependant observer que ces théories, issues fondamentalement de Tocqueville qui en est le théoricien le plus accompli, reposent originairement sur une naïveté métaphysique qui postule l'existence de deux entités — l'« État » et la « société » — sans pouvoir rendre compte de ce qui rend une telle dualité possible. Distinguer État et société civile *afin* de les opposer ou de les réunir relève d'une *idéologie* politique : le libéralisme dont Tocqueville n'est certes pas le moindre représentant et l'Amérique tocquevillienne la moindre illustration.

Égalité et liberté

« La constitution politique des États-Unis me paraît l'une des formes que la démocratie peut donner à son gouvernement » (**1**, II, ch. VI). Il s'agit ici de démocratie *sociale*. La question politique (« constitution politique ») devient celle du « gouvernement » de la démocratie sociale. Et c'est par rapport à cette idée selon laquelle l'égalité « sociale » est la condition de la liberté « politique » qu'il faut interroger le concept originairement rousseauiste de « souveraineté du peuple ».

Ce qui intéresse Tocqueville est donc de savoir comment dans la démocratie américaine sont réunies les conditions nécessaires de la légitimité du pouvoir reposant sur le principe de la « souveraineté du peuple ». Ce principe en effet, fait l'objet, selon lui, de la convoitise des « intrigants » de tous les temps ; abuser les peuples au nom, précisément, de leur souveraineté est, peut-on dire, consubstantiel au principe même de souveraineté du peuple. La référence au « peuple » et à sa *souveraineté* peut donc comme le démontre excellemment Tocqueville donner lieu à son contraire le plus funeste pour les peuples eux-mêmes. Il y en a, observe-t-il, qui ont trouvé ce principe dans le « silence » même des peuples et qui ont pensé que « du *fait* de l'obéissance naissait pour eux le *droit* de commander » (**1**, II, VII).

Si l'Amérique échappe à ce travers, qui mène tout droit au despotisme d'un seul ou de quelques uns, c'est parce que les Américains ont un état social et une constitution démocratiques qui ne sont pas l'effet d'une révolution. Tocqueville ne pense pas que la révolution américaine soit une « révolution » comme le fut la révolution française. L'ensemble de sa réflexion est en effet commandé par la constatation sociologique que la démocratie politique procède comme par nature de l'*état social* des Américains. Et l'*égalité* — catégorie fondamentale des « peuples démocratiques » — est moins chez les Américains le résultat d'une volonté révolutionnaire d'égalisation des conditions (ce qu'elle est en France et en Europe), mais d'une disposition tout à la fois de la religion chrétienne, des lois et des mœurs. C'est ainsi qu'en Amérique, constate Tocqueville, les citoyens sont devenus « à peu près pareils ».

Qu'est-ce donc alors que la démocratie ? C'est le gouvernement de la société civile, c'est-à-dire le processus par lequel la liberté émerge de l'égalité sociale, et contribue en retour à maintenir cette *égalité*. Pour Tocqueville, c'est moins la liberté qui est la fin (ou le but) de la démocratie que l'égalité pour la raison que celle-ci est première par rapport à celle-là. C'est pourquoi, constatant l'égalitarisme social des Américains, il en déduit ce qui lui paraît être le caractère fondamental de la démocratie. Celle-ci ne vise pas à établir le bonheur et le bien être de tous — mais du plus grand nombre : « L'avantage de la démocratie n'est pas, comme on l'a dit, de favoriser la prospérité de tous, mais seulement de servir au bien être du plus grand nombre » (I, II, VI). Tocqueville montre alors que « servir au bien être du plus grand nombre » consiste à produire l'égalité sociale en étendant la *propriété* à une classe moyenne de plus en plus large.

Le second volume de *La Démocratie*, publié par Tocqueville cinq ans après le premier, a, quant à lui, pour objet de mener la réflexion sur la nature de la démocratie américaine considérée non plus sous l'angle de ses institutions et, dirait-on, de leur esprit, mais du point de vue de son concept général : le concept d'*égalité*.

Dans l'ordre intellectuel, l'égalité crée une atonie générale de l'esprit : il n'y a pas, affirme Tocqueville, de philosophie américaine. Pourquoi ? Parce que l'égalité sociale fait que la *raison*, comme le voulait Descartes en quelque sorte, est la chose du monde la mieux partagée. Du coup, un esprit supérieur, transcendant les opinions communément répandues dans la nation, n'a que fort peu de chance de se manifester : chacun vit, en effet, dans la conviction intime d'être à même de bien juger et de bien penser — à l'égal de quiconque. Par définition, un esprit *supérieur* n'a donc pas de place au pays de l'égalité.

Ce phénomène est, pour l'auteur de *La Démocratie,* le résultat de ce qu'il nomme la « tyrannie de la majorité ». Quand l'opinion de la majorité ne s'est pas fait entendre, parce que le suffrage universel ne s'est pas exprimé, les individus se sentent libres d'avoir une pensée qu'ils forment librement à l'aide de leur raison. Ainsi, le débat a lieu et, certainement, chacun cherche à se différencier de son voisin, par son opinion propre. Mais une fois que la majorité s'est manifestée, l'opinion personnelle laisse totalement la place à l'opinion commune, ou plutôt à l'*opinion publique*. Dès lors, il n'y a plus de place, selon Tocqueville, pour l'originalité et la singularité de la pensée. L'« omnipotence politique de la majorité » produit ainsi des effets négatifs sur la liberté de pensée. Toutefois, précise Tocqueville, l'effet majoritaire est d'influencer considérablement l'opinion individuelle de chaque citoyen par l'opinion commune ; cependant, elle n'en est pas la source. La source de l'opinion personnelle du citoyen est la notion même d'égalité, le sentiment de l'égalité.

Chez les Américains, illustration moderne d'un « peuple démocratique », l'égalité est une « passion » — et l'*amour de l'égalité* une politique.

Cependant, Tocqueville, poursuivant son investigation du concept d'égalité démocratique, distingue l'égalité politique de l'égalité sociale, une distinction qui repose sur la dualisme parcourant l'ensemble de l'ouvrage : société civile/État. « L'égalité, dit-il, peut s'établir dans la société civile, et ne point régner dans le monde politique » (2, II, I). Comment se manifeste cette distinction entre les deux modes de l'égalité ? en ceci que les citoyens peuvent bien avoir les mêmes droits dans la « société », ils n'ont pas, pour autant, la même part au « gouvernement ». On voit qu'il n'y a pas de lien nécessaire entre liberté et égalité. Je suis libre de vouloir ceci ou cela dans l'ordre social, au même titre que mon semblable ; mais je ne suis pas libre d'occuper la même charge dans l'ordre politique que les gouvernants eux-mêmes. D'ailleurs, dans la sphère politique, l'égalité ne règne pas : il y a une inégalité entre les plus hauts dirigeants et les seconds. En tout cas, conclut Tocqueville, la liberté — au contraire de l'égalité — n'est pas le propre des « peuples démocratiques ». La preuve en est que l'aspiration à la liberté se manifeste à l'évidence sous d'autres régimes que ceux pratiquant l'égalité sociale des hommes. Il reste que l'égalité est la seule véritable *passion* des peuples démocratiques. Elle passe bien avant la liberté ; les peuples, nous enseigne *La Démocratie*, veulent l'égalité dans la liberté ; mais alors que les peuples n'ont, dit Tocqueville, qu'un « goût naturel » pour la liberté, ils ont une « passion ardente » pour l'égalité. C'est pourquoi s'ils n'obtiennent celle-ci dans la liberté, ils préfèrent l'égalité jusque dans la servitude. On peut voir dans cette analyse, extrêmement pertinente, mais très pessimiste, comme une anticipation de ce que seront les despotismes d'obédience « populaire » du XXe siècle.

Remarquons, pour conclure, que Tocqueville révèle lui-même les conséquences de son point de vue sur l'égalité entendue comme fondement essentiel et premier de l'esprit démocratique. *La Démocratie* n'est pas écrite, selon son auteur, dans un but partisan. Au-delà des partis, l'œuvre ne prend pas part directement aux débats qui agitent politiquement la France de son temps. Et Tocqueville a raison de dire dans l'*Avertissement* du deuxième volume que son livre ne milite qu'en faveur de la connaissance. Il reste que le chapitre XXI de la *Troisième partie* de ce second volume, intitulé *Pourquoi les grandes révolutions deviendront rares,* esquisse une philosophie de l'histoire qu'il est loisible de comprendre comme programme théorique d'un libéralisme éclairé par le principe d'égalité. Tocqueville y démontre que la marche « irrésistible » vers l'égalité *sociale* — autrement dit vers une égalisation des conditions, notamment par rapport à la *propriété* — est le meilleur rempart contre les révolutions sociales. On comprend dès lors comment et pourquoi Tocqueville a conçu son ouvrage beaucoup moins en faveur de la démocratie politique, qui ne recueille pas ses préférences personnelles (il reste politiquement un aristocrate libéral éclairé), que comme un vaste et profond traité en faveur de la *démocratie sociale* dont l'Amérique égalitaire offre le modèle.

Tel est le sens ultime de la distinction « société civile »/« société politique » (État) qui commande l'économie générale de l'ouvrage : elle fonde le caractère second de la *démocratie politique,* autrement dit de la *liberté*.

KARL MARX
1818-1883

FRIEDRICH ENGELS
1820-1895

Manifeste du Parti communiste [1]
1848

Le *Manifeste du Parti communiste* n'est pas une œuvre de la pensée spéculative. Sa place dans le développement et la transformation des concepts politiques est singulière : la théorie politique se transforme en théorie de l'action révolutionnaire.

La révolution

L'objet théorique et politique que le texte de Marx et Engels produit en 1848 est la révolution, thème en lui-même nullement révolutionnaire dans le contexte politique des Modernes. La nouveauté vient du projet du *Manifeste* qui est de construire une révolution prolétarienne : « Seul le prolétariat est une classe révolutionnaire » (p. 19).

1. Traduction de C. Lyotard, introduction F. Châtelet, Le Livre de Poche, 1973.

Certes, on ne manque pas, du XVIe au XIXe siècle, induits par le développement de la puissance d'État, de textes, tracts, écrits et libelles, de volumes de toutes sortes qui, du droit de résistance au tyrannicide, appellent à la révolte ou à l'insurrection. Le *Manifeste* se démarque de cette tradition en ce que la révolution ne procède plus de la providence, du libre-arbitre ou du droit naturel de se conserver, ou de telle ou telle volonté subjective, mais de la structure des rapports sociaux historiques. La signification globale du *Manifeste* ne peut pas, dès lors, être rapportée exclusivement à la pensée singulière et contingente de ses auteurs. Pourquoi ? Parce que, penser la révolution, c'est instruire, en pratique, une stratégie de classe qui, par définition, dépasse la particularité de ceux qui l'énoncent. Marx et Engels visent à faire surgir la révolution de l'ordre contradictoire des choses ; la révolution devient, dès lors, une modalité de l'action historique des hommes dans leur lutte contre l'ordre contraignant de la nécessité naturelle et/ou sociale. En ce sens, Marx et Engels sont des Modernes et ne font que mettre à jour, conformément à la situation historique de leur temps, les thèmes originairement machiavéliens de la nécessité et de la fondation.

Cependant, en plaçant la révolution *prolétarienne* au centre du *Manifeste*, Marx et Engels déplacent radicalement la formulation du problème politique en instituant un *sujet* politique nouveau : la classe sociale ou plutôt, la *lutte des classes.* Prévalait jusqu'alors la notion univoque de politique, en donnant lieu à une politique *de classe.* Le *Manifeste* vise à substituer à la politique en général, une politique : il n'y a pas une politique, celle du « peuple » par exemple, il y a des politiques, différentes selon les classes et opposées entre elles. Chaque classe, féodale, bourgeoise, prolétaire théorise la politique chacune selon ses intérêts de classe. Mais ce faisant, le *Manifeste* n'échappe pas entièrement à ce qu'il dénonce — une politique de classe qui se donne toujours pour la politique universelle — puisque Marx et Engels désignent la classe ouvrière comme sujet d'une libération universelle. Le renversement de la domination bourgeoise par une classe particulière, les prolétaires, est, selon le *Manifeste*, le renversement de toute politique et œuvre pour l'émancipation du genre humain.

Politique de la classe ouvrière

L'éclatement de la notion univoque de pouvoir d'État — qui est, selon Marx et Engels, le pouvoir d'*une* classe particulière (le bourgeois) dans l'État — passe par deux étapes : la négation de la représentation *bourgeoise* de l'État comme instrument de la puissance commune d'une part, et, d'autre part, l'affirmation corrélative de la domination politique du prolétariat comme « premier pas de la révolution ouvrière » (p. 34).

La théorie bourgeoise de l'État, telle qu'elle est critiquée dans le *Manifeste*, consiste à justifier sa puissance par la représentation d'un pouvoir seulement technique, celui de la gestion de l'intérêt général, un intérêt prétendument placé au-dessus des classes : propriétés et droits personnels de chacun. C'est là, à la limite, accréditer l'idée que la politique d'État n'est justement pas politique ou, si elle l'est, alors c'est seulement que, par « politique », il faut entendre l'organisation du « bien commun ».

La catégorie politique de cette communauté est le *peuple*, entité abstraite n'ayant d'existence qu'en sa qualité d'être un pur principe et la source de la souveraineté dans l'État. Concept idéologique éminemment suspect, car masquant les conflits de classe, le « peuple » n'a pas d'intérêts privés particuliers puisque, par définition, il est le *tout* en quoi se fondent et se dissolvent les parties, autrement dit les « classes ». De ce point de vue, celui que combat le *Manifeste*, l'État n'est que l'expression de cette totalité homogène ; la puissance impersonnelle qui en émane n'est que la puissance immanente au « peuple ». S'il advient, comme c'est le cas, que surgit la violence étatique — armée, police — c'est seulement parce que l'homogénéité du peuple est en danger et que, par conséquent, l'univocité de son pouvoir dans l'État est menacée. C'est pour défendre l'État contre lui-même que la violence d'État est légitime : l'État démocratique bourgeois est un État « populaire ».

L'intervention du *Manifeste*, en même temps que les révolutions de 1848 en Europe, vient détruire cette justification, par le « peuple » abstrait, de la domination d'*une* classe, la bourgeoisie, et substitue à l'idée d'un État homogène, l'idée qui se veut révolutionnaire d'un État de classe. Chez Marx, l'État est appareil répressif de la domination d'une classe sur une autre. La substitution de la « lutte des classes » au « peuple » est corrélative d'une double destruction ; destruction de l'idée du « peuple » comme fondement de l'État et de la légitimité de sa loi, destruction de l'idéologie du « bien commun », illusion trompeuse, justifiant l'État qui en serait le dépositaire et le gardien. Le *Manifeste* montre ainsi que l'État, ayant son origine dans la lutte des classes, ne saurait être compris comme donné dans l'éternité, mais comme résultat d'un processus historique déterminé. Dans son ascension historique, la classe bourgeoise, « révolutionnaire » en son temps, impose à toute société son propre modèle de domination, qu'elle institue dans l'appareil centralisé d'État. Un tel État n'en est pas moins frappé de contingence historique.

Pratique de classe, la politique de la classe ouvrière sera une politique prolétarienne et l'instauration d'une telle politique, le *communisme*, se fera révolutionnairement contre une autre politique de classe, la politique bourgeoise et son État. Ce qui est vrai en pratique sera vrai également en théorie : révolution dans la pratique, le communisme sera une révolution dans la théorie, et cette révolution dans la théorie consistera en la critique des « idées dominantes ». La critique politique des « idées dominantes » est, selon Marx et Engels, une condition préalable à la fondation prolétarienne de la politique. Les « idées dominantes » imprègnent le mouvement ouvrier qui doit en être débarrassé afin de pouvoir prendre proprement conscience de ses intérêts réels. Tel est, au demeurant, le but tactique du *Manifeste du Parti communiste*, doter la classe ouvrière de la conscience théorique de ses intérêts propres. Cette présence des « idées dominantes » jusque dans les rangs des prolétaires pervertit littéralement jusqu'à la pensée des intellectuels empêchant ainsi la classe ouvrière d'élaborer un programme politique convenant à ses intérêts. C'est ainsi que, ayant déjà rompu avec la tradition démocratique de droite (bourgeoise libérale), le *Manifeste* critique radicalement le courant démocratique de gauche : socialisme libéral ou socialisme utopique, invariables expressions du démocratisme abstrait et du réformisme petit-bourgeois.

A toutes ces tendances, le *Manifeste* oppose le renversement révolutionnaire de l'ordre établi : la formation du prolétariat en classe est corrélative de la constitution d'un pouvoir d'État qui lui est propre : il s'agit que le prolétariat s'organise en « classe dominante ». Telle est la première formulation, encore imprécise, de ce que sera la *dictature du prolétariat*.

Dans la préface qu'il donnera en 1872, alors que la Commune de Paris vient d'être vaincue, Engels clarifiera la notion en citant Marx. Ainsi sera définie, à partir du *Manifeste*, la dictature du prolétariat qui recevra pourtant sa formulation définitive comme phase transitoire au communisme et comme définition du *socialisme* en 1875, dans le texte que Marx consacre à la *Critique du Programme de Gotha*. Marx y parle de la « dictature révolutionnaire du prolétariat ». La dictature du prolétariat n'a cessé depuis d'être à l'ordre du jour, jusqu'à son échec là même où Lénine l'avait établie en interprétant Marx.

MICHEL BAKOUNINE
1814-1876

Dieu et l'État[1]
1871

L'argumentation de *Dieu et l'État*, qui ne s'apparente pas à une démonstration philosophique (Bakounine y opère une sorte de synthèse improvisée entre scientisme et matérialisme) sur le plan de la forme, vise à emporter la conviction. Ce qu'elle perd en théorie, elle le gagne ainsi en polémique et en vitalité. Il ne s'agit donc pas d'un traité mûrement réfléchi, mais d'un libelle soutenu par une idée maîtresse : *la révolte contre toute forme d'autorité*.

Bakounine est, avec Proudhon, le premier théoricien de l'anarchisme, en importance. Son projet est ici de démontrer que l'État se dresse devant les hommes comme Dieu devant les consciences, pour les asservir à ses lois. Cette idée de *loi* est essentielle à la pensée de Bakounine et *Dieu et l'État* peut être lu comme un effet pour distinguer comment les lois naturelles de type physique, connues ou non encore connues, sont ce qui constitue notre être et aussi notre liberté, cependant que les lois politiques, qui n'ont pour fin que de soumettre les hommes à l'autorité de l'État ou à toute autorité possible, font des hommes

1. Edité par Fernand Rude, Anthropos, Paris, 1972.

des esclaves. Dès lors, la politique se résume à ceci : *il faut se révolter.*

Cette révolte repose sur la conviction que la liberté consiste à n'obéir qu'à soi-même en pleine connaissance des lois naturelles qui nous gouvernent. Le concept de *nature* joue ici un rôle essentiel : la nature est ce qui libère. L'État comme puissance autoritaire à abattre n'est en fait que le substitut arbitraire des lois naturelles immanentes à la société humaine. N'étant pas encore pleinement connues, ces lois qui gouvernent aussi bien la nature physique que sociale, nul ne saurait s'en prévaloir pour instituer des règles dont aucune communauté humaine ne saurait se passer. Les lois naturelles, une fois passées dans la conscience des hommes, affirme Bakounine, permettront que soit définitivement résolue la question de la liberté.

La croyance en la science comme force libératrice est constitutive, chez Bakounine, du refus de l'État. L'autorité que déploient l'État et toute forme semblable de coercition ne repose en fait que sur la méconnaissance des lois invariables de la formation et du développement des sociétés humaines. A la connaissance, se substituent donc des mythes de coercition auxquels la croyance en Dieu et l'obéissance à l'État sont redevables. Quand la science vient à manquer, c'est la superstition et son cortège d'arbitraire qui prennent le relais. Pourtant, Bakounine ne méconnaissait pas le danger inverse : celui constitué par une société qui serait gouvernée, dit-il, selon des lois établies par une « académie de savants ». Une telle société ne produirait qu'une vie monstrueuse.

La question de l'autorité est donc celle, en fait, de l'autonomie de l'homme en ce qui concerne sa vie en communauté. C'est pourquoi il ne suffit pas que quelques spécialistes aient connaissance des lois naturelles qui gouvernent les sociétés pour que, produisant une législation inspirée seulement par « l'amour de la vérité pure », les hommes s'y trouvent libres. La liberté est affaire d'autonomie. De sorte que nul ne saurait s'en remettre aux décisions scientifiques d'un comité d'experts. Bakounine, ici, anticipe avec exactitude la force politique que les États trouvent aujourd'hui même dans la connaissance scientifique. Il figure parmi les premiers à avoir entrevu le lien existant, dans les sociétés modernes, entre savoir et pouvoir.

Croyant d'une part que seul le savoir est capable de garantir une vie politique libre de toute coercition, il ne rapporte pas, pour autant, ce savoir aux instances traditionnelles et à la première d'entre elles : l'État. La liberté consiste, certes, à observer les lois naturelles, mais cela n'est vrai que si chacun les connaît par soi-même et s'y conforme. Un tel projet ne peut se réaliser que grâce à l'éducation de masse. L'autonomie de l'homme consiste donc, chez Bakounine, en l'autonomie de la connaissance de l'homme par l'homme, en science comme ailleurs, le *principe d'autorité* asservit l'homme. Finalement, le problème politique se ramène à ceci : à la liberté correspond la vérité conquise par soi-même, tout comme à l'autorité correspond l'erreur.

Dans cette recherche de la vérité, en soi inséparable de l'avènement d'une société juste, la science joue donc un rôle capital. Les diatribes contre l'idée de Dieu — « croyance absurde » — sont le support d'une démonstration visant à rayer de l'entendement politique dominant les substituts de la science qui ne font que produire et reproduire la superstition. Idée de la domination, Dieu est une invention des théologiens passés et présents, prêtres ou laïcs, pour rendre acceptable l'autorité de l'État. De même que l'État s'est développé en Occident sur la base de l'ignorance des vraies lois de l'histoire, de même la croyance en Dieu, principalement dans sa version chrétienne, s'est affirmée le complément indispensable à l'autorité. La religion est, pour Bakounine, la conscience inversée de l'ignorance, elle produit des mythes qu'elle étaie sur des miracles pour faire croire à la réalité de ses propres fictions. Face à cette situation qui est celle à la fois de la conscience mystifiée et de la vie sociale détournée de son vrai but, Bakounine veut réhabiliter la science, mais pas à n'importe quel prix. Il faut se révolter contre la science si elle prétend gouverner les hommes. La révolte de la vie contre la science signifie, chez Bakounine, la révolte de la réalité humaine, historique, contre les abstractions de la science quand celles-ci, utilisées par les pouvoirs, sont en elles-mêmes des instruments d'autorité. C'est pourquoi Bakounine voit dans la science de l'avenir la vraie conscience de l'humanité.

Au cours de cette révolte de la vérité contre l'erreur, des lumières contre l'obscurantisme, les deux puissances tutélaires, l'État et Dieu, seront supprimées. Mais cette révolte commence d'abord dans la pensée, elle suppose la dénonciation permanente des sources de l'autorité, elle réclame une pensée droite qui ne soit plus dominée par les fantômes de toute sorte qui peuplent le monde de la superstition. Ces mêmes fantômes dont les puissants, pris eux-mêmes au piège de leur propre puissance, ne peuvent plus se défaire. A la théologie s'oppose donc l'*athéisme* et, en philosophie, la révolte commence par la lutte du matérialisme contre les abstractions froides et absurdes de l'idéalisme. Qu'est-ce que ce *matérialisme* ? C'est la lutte contre les abstractions métaphysiques réifiées, c'est l'avènement, par la science positive, rendue enfin à elle-même, des « hommes réels ». *Le matérialisme est donc le statut philosophique de la révolte.* Il fait de la science la « conscience collective de la société » car, de même, dit Bakounine, que « la vie, non la science, crée la vie », de même « l'action spontanée du peuple, seule, crée la liberté ».

Le programme politique du matérialisme consiste alors à substituer au monde idéal de la science, monopolisée par les comités d'experts et de savants, l'éducation populaire de masse, de sorte que le peuple, ainsi informé par lui-même des lois naturelles positives qui régissent les sociétés, puisse prendre en main sa propre histoire sans plus s'abandonner à la domination de l'État et de ses spécialistes, ou à celle de Dieu et de ses prêtres. Le matérialisme n'est donc pas une spéculation supplémentaire, il est la véritable philosophie de la révolte.

V

LES CONTEMPORAINS

FRIEDRICH NIETZSCHE

1844-1900

La Volonté de puissance[1]

Études et fragments

1901

C'est la sœur de Nietzsche qui devait, au lendemain de la mort du philosophe, collationner fragments et aphorismes écrits par Nietzsche en vue d'un ouvrage intitulé *La Volonté de puissance*. Plusieurs tentatives de plans sont connues, mais aucun d'eux ne fut finalement retenu par le philosophe qui, semble-t-il, devait renoncer à son projet. L'ouvrage connu aujourd'hui sous ce titre n'est donc pas à proprement parler l'œuvre de Nietzsche au sens où celui-ci n'organisa pas lui-même l'ensemble des matériaux qui la composent. Il vaut donc mieux sans doute lire *La Volonté de puissance* non comme s'il s'agissait d'une œuvre achevée et structurée (ce qu'elle est dans la forme que lui donna abusivement la sœur de Nietzsche par un souci de systématicité, auquel Nietzsche lui-même n'était pas parvenu), mais comme un ensemble d'« Études » et de « Fragments », ainsi que l'indique la précision contenue dans le sous-titre.

Quant au titre lui-même - *La Volonté de puissance* — il n'a pas manqué de donner lieu à controverse, mais surtout à contresens. L'usage que l'idéologie nazie a pu faire de

1. Trad. Henri Albert (Paris, 1903), Le Livre de Poche, Paris, 1991.

l'œuvre de Nietzsche est évidemment pour beaucoup dans le contresens sur la signification de *La Volonté de puissance*. Il est en effet toujours possible à une tyrannie quelconque de se trouver des justifications, voire des doctrines, dans l'œuvre d'un philosophe dont les textes, incontestablement, rendent possible une entreprise de détournement. Reconnaître cela ne signifie en rien que la signification d'une philosophie en générale, et de celle de Nietzsche en particulier, ait sa clé dans l'usage proprement *insensé* et littéralement *criminel* que peut en faire telle période de l'histoire. Quand une tyrannie s'empare d'une philosophie, on ne peut en conclure que cette philosophie est tyrannique. Ce n'est pas dire que la philosophie échappe à toute responsabilité politique. C'est affirmer que l'usage à tout le moins frelaté de Nietzsche par l'idéologie nazie ne saurait en rien engager directement la responsabilité de Nietzsche lui-même, et moins encore constituer la norme de l'interprétation de sa philosophie. Il ne serait pas difficile de montrer combien le chercheur de vérité qu'il voulait être aurait vu dans ce siècle de fer la confirmation de ce qu'il redoutait et craignait le plus et contre quoi l'ensemble de son œuvre nous avertissait. En sorte que ce n'est pas parce que Nietzsche appelle à la *volonté de puissance* que l'une des tyrannies les plus sanglantes de l'histoire fut possible, tout au contraire ; elle fut possible parce que nous l'avons refusée cette *volonté de puissance* avec laquelle Nietzsche nous proposait, à nous Européens, de renouer. C'est parce que nous n'avons pas voulu la volonté de puissance, parce que nous avons refusé le projet nietzschéen de « transmutation de toutes les valeurs » que ce siècle plaça les Européens en face de ce que Nietzsche leur montrait, ou plutôt leur annonçait : leur propre *décadence*.

Ce que Nietzsche appelle « volonté de puissance » est la mobilisation des forces dont l'homme est capable en vue de s'opposer à la « décadence », précisément. Il s'agit moins d'une notion déterminée et précise, définissable une fois pour toutes, démontrable, que d'une *attitude*, d'un *impératif moral* caractérisant l'acte du dépassement de l'homme par l'homme. Mais dépasser l'homme n'est pas nier l'homme : c'est l'accomplir, c'est le *vouloir*. Ce serait donc un contresens de faire de la « volonté de puissance » nietzschéenne une volonté de domination, un appel au pouvoir. Elle est plutôt un programme d'élévation de l'homme, contre les forces qui le rabaissent, le diminuent. Il s'agit pour Nietzsche de réveiller le *potentiel* de l'homme, endormi par les forces « réactives » et par les valeurs du « ressentiment ». La *volonté de puissance* est l'appel à la mobilisation des puissances de l'homme, ces puissances qui le libèrent de la soumission. Un tel appel au réveil des puissances endormies n'a donc rien de commun avec l'apologie de la force coercitive et dominatrice. Si *force* il y a, il s'agit *des* forces, au sens physique et l'on peut dire que, ainsi réfléchie, la *volonté de puissance* est le point d'appui — point d'Archimède — que Nietzsche découvre en l'homme ou plutôt redécouvre, capable de susciter sa libération.

L'oubli de sa force par l'homme, l'oubli, pour mieux dire, de sa *puissance*, c'est-à-dire de ce qu'il peut faire, de ce dont l'homme est capable, ou tout simplement l'oubli de *ce qu'il est*, est la cause de la faiblesse de l'homme moderne. Nietzsche est en quelque sorte un philosophe-médecin : il porte un diagnostic sur la mauvaise santé de l'homme moderne et trouve dans la volonté de puissance le remède à ses servitudes, l'antidote aux poisons qui l'avilissent. Au nombre de ces poisons, qui sont la cause de la *diminution* de l'humain, figurent le *christianisme* et son rejeton direct la *démocratie*. Anti-démocrate, Nietzsche l'est jusqu'au lyrisme. Mais ce n'est là qu'une forme politisée et, pourrait-on dire, historique, de son anti-christianisme fondamental.

Les « valeurs » chrétiennes sont l'archétype de celles qui avilissent l'homme : elles ont conduit l'homme moderne à la décadence ; le christianisme est, pour Nietzsche, par un prodigieux renversement des valeurs reçues, l'instrument de la *chute* de l'homme hors de l'humain, pour ainsi dire, hors de ses propres forces, de ses propres puissances. Mais le commencement de la décadence est à chercher chez Socrate lui-même. C'est par Socrate que le scandale arrive, ou plutôt qu'il s'annonce : avec Socrate naît la *dialectique*. La *dialectique* est l'instrument de l'abaissement des puissances de l'homme, elle est le poison contre sa nature. Socrate est le premier « réactif » ; il y a avec Socrate (victime d'« hallucinations acoustiques », comme dit Nietzsche, qu'il nous faisait prendre et prenait lui-même pour son *démon* personnel !) un pas funeste qui est fait en dehors de la moralité grecque ; c'est quand Socrate invente un chemin — qu'il nomme *dialectique* — pour mener à la vertu. Mais la vertu, dit Nietzsche, ne relève d'aucune procédure démonstrative. Par la dialectique, qui permet de s'élever jusqu'aux « Idées » (le bien, le juste, le beau), Socrate corrompt la moralité elle-même. Pourquoi ? Parce que les jugements moraux perdent le sol, la terre, en quoi ils s'enracinent naturellement ; le « bien », le « juste » deviennent avec Socrate des Idées séparées du socle de la vie sur lequel elles naissent et croissent. Il y a donc une entreprise socratique de séparation des vertus d'avec leur origine même, une opération de « dénaturation » extrêmement pernicieuse. Voilà le scandale originaire — le commencement de la fin. Il porte le nom de Socrate, le nom de Platon : « En résumé, s'exclame Nietzsche, le scandale a déjà atteint son comble chez Platon... Il était nécessaire dès lors d'inventer aussi l'homme *abstrait* et *complet* — l'homme bon, juste, sage, le dialecticien — en un mot, l'*épouvantail* de la philosophie antique ; une plante séparée du sol ; une humanité sans aucun instinct déterminé et régulateur ; une vertu qui se « démontre » par des raisons. C'est là, par excellence, « l'individu » parfaitement *absurde* ! Le plus haut degré de la contre-nature » (§ 235, p. 259).

On perçoit mieux ainsi, sur le cas de Socrate, en quoi consiste la volonté de puissance. Elle est ce qui permet d'oublier Socrate et de retrouver par cet oubli même l'humanité originaire non dévoyée par la « dialectique », elle est ce qui permet, pour Nietzsche, de retrouver dans l'homme sa nature et la nature. Mais pour cela, il faut le vouloir. Vouloir avec Nietzsche la « volonté de puissance » c'est donc *vouloir l'homme* lui-même. C'est vouloir l'homme contre ce qui n'est pas lui, mais seulement une *idée* de l'homme, un homme abstrait, idéal, théorique pour ainsi dire. D'où ce jugement radical qui appelle à lui seul une révolution dans les *valeurs*, une *critique absolue des valeurs* : « L'apparition des philosophes grecs depuis

Socrate est un symptôme de décadence ; les instincts anti-helléniques prennent le dessus » (§ 232, p. 253).

Ce sont ces instincts « anti-helléniques », c'est-à-dire post-socratiques, caractérisés par la « dialectique », qui constituent l'essentiel du christianisme. Le christianisme, non celui du Christ, mais celui de Paul, fait l'objet d'une critique radicale tant le christianisme demeure pour Nietzsche l'« adversaire » principal et permanent. Les fragments réunis dans *La Volonté de puissance* ne sont intelligibles, en effet, que dans la perspective d'un vaste dépassement de l'homme chrétien. Dépasser l'esclave chrétien, l'*homme chrétien* chargé comme il l'est de ressentiment contre le « maître », corrompu par une morale de l'au-delà et des arrière-mondes, dépasser la soumission chrétienne, surmonter l'obéissance, en un mot se révolter contre une morale du *péché*, tel est le sens de *La Volonté de puissance* non seulement le livre, mais la chose elle-même.

Le Nouveau Testament, voilà le livre contre lequel Nietzsche écrit ses fragments : « Quelle que soit la modestie que l'on manifeste dans ses aspirations à de la propreté intellectuelle, on ne peut s'empêcher, lorsque l'on entre en contact avec le Nouveau Testament, d'éprouver quelque chose comme un malaise inexprimable ... La légèreté impudente avec laquelle il est parlé ici des problèmes les plus inabordables (la vie, le monde, Dieu, le but de la vie) comme si ce n'était pas du tout des problèmes, mais les choses les plus simples que n'ignorent pas ces petits cagots ! » (§ 122, p. 145). Le christianisme est l'invention de Paul : celui-là s'est attaché à retourner l'enseignement du Christ contre lui-même, en quelque sorte il oppose le Christ à Jésus. Il permet ainsi l'organisation de l'État, il permet de faire la guerre, de punir et de châtier, de conjurer. Saint Paul, dit Nietzsche, cherche une victime, il exploite la fascination morbide des foules naïves et incultes et développe les images effrayantes d'un Dieu mis en croix, l'imagerie fascinante de l'union mystique avec la « victime ». Il culpabilise les faibles d'esprit, les craintifs grâce aux idées de « faute » et de « péché » ; il les fascine encore en les trompant par des récits édifiants sur la résurrection, la vie après la mort, l'au-delà et les arrière-mondes. Exploitant la crédulité des humbles, il leur donne une *passion* à vivre et pour laquelle ils peuvent mourir. Il leur donne des raisons de craindre et de se soumettre ; Paul est l'anti-Romain par excellence, l'anti-Grec. Dévoyant radicalement l'enseignement de Jésus (qui apportait la paix et le bonheur des agneaux), Paul répand le pessimisme. Véritable fondateur du christianisme, contre Jésus, les « ennemis mortels » de Paul sont la force de caractère, ce monde-ci, c'est le bonheur des anciens hellènes (les sophistes d'avant Socrate), c'est la légèreté profonde de Dionysos.

On voit bien, dès lors, ce qu'il faut entendre par l'idée nietzschéenne de *volonté de puissance* : c'est l'appel à une nouvelle renaissance, celle du paganisme des anciens hellènes. Non que Nietzsche veuille un retour en arrière, au contraire : il veut plutôt un bond en avant, au-delà du christianisme, un sursaut dont il aperçoit cependant les valeurs originaires dans la philosophie des anciens Grecs d'avant Socrate. Il y a une supercherie du christianisme contre laquelle est dressée la *volonté de puissance* avec sa force dénonciatrice : « Aucun Dieu n'est mort pour nos péchés, proclame le philosophe ; il n'y a pas de salut par la foi ; pas de résurrection après la mort — tout cela ce sont les fausses monnaies du christianisme » (§ 131, p. 151).

La Volonté de puissance possède ainsi une très forte signification politique : Église et État font ensemble l'objet de la même réprobation morale ; ils appartiennent ensemble au « triomphe de l'Antéchrist », au même titre que le « nationalisme moderne », nous dit Nietzsche. C'est contre ces forces réactives, rétrogrades, contre ces « passions tristes » ainsi que les nommait Spinoza, contre les forces d'annihilation de l'homme, contre cette ligue du ressentiment visant à affaiblir l'*humain* dans l'homme, à le soumettre que se dressent les fragments de *La Volonté de puissance*. Et c'est contre une telle soumission de l'homme par l'homme que Nietzsche lance son appel politique et moral à la *volonté de puissance*.

VLADIMIR I. LÉNINE

1870-1924

L'État et la Révolution [1]

1917

La « dictature du prolétariat », autrement dit la forme du pouvoir d'État de la classe ouvrière et de ses alliés, est une conception dont la paternité revient à Marx, mais la construction de ce concept, sa clarification et son approfondissement reviennent à Lénine qui en imposera dans cette brochure une certaine compréhension liée sans doute, comme le remarque Rosa Luxemburg dès 1918, à la conjoncture et à la « nécessité ».

Donc, quand Lénine parle de la « doctrine marxiste », il faut entendre en fait la conception *léniniste* de l'État, inspirée de Marx et d'Engels qu'il commente et dont il interprète la pensée. Une tradition « marxiste-léniniste » est ainsi fondée, qui se continuera jusque dans la théorie et la pratique de Mao Zedong en 1949.

L'État révolutionnaire

Le problème politique pour Lénine réside dans cette alternative, ou bien conserver l'ancien état des choses ou

1. Édition du Progrès, Moscou, s.d.

bien le remplacer : le problème politique (dans l'État) est le même que celui de la révolution. Les deux questions, l'État et la révolution — sont liées. C'est déjà la problématique de Saint-Just dans ses *Institutions républicaines*. C'est aussi ce qui, à sa manière, traverse le *Prince* de Machiavel : le prince fondateur est celui qui institue un ordre étatique *nouveau*. La référence au Florentin (comme à Saint-Just) s'impose ici non certes par souci d'érudition ou de paradoxe, mais par la manière d'envisager le problème du pouvoir comme institution. Penser la politique, c'est, à cinq siècles de distance, de Machiavel à Lénine, penser ce qui instaure et non ce qui restaure ; l'institution est révolution et non restauration. Ce n'est pas dire que Machiavel soit « léniniste », c'est rapporter Lénine (et Marx qu'il commente tout au long de sa brochure) à une problématique théorique pour laquelle penser la politique c'est théoriser l'État. C'est en ce sens que Lénine distinguera, citant Engels, suppression de l'État et extinction de l'État. Cette manière de voir conduit à deux conséquences. Une telle distinction fait de la « dictature du prolétariat » la forme de l'État révolutionnaire. Ensuite, la démocratie doit être redéfinie et différenciée, sa nature étant à saisir sous le rapport de la *période historique* pendant laquelle elle s'exerce ; vidée de sa signification univoque de gouvernement par le peuple, elle doit être pensée comme régime politique *étatique* et, à ce titre, est appelée à dépérir.

L'État, pour Lénine, n'est pensable que dans le cadre de la lutte des classes. C'est parce qu'il y a *lutte* des classes que poser théoriquement le problème de la nature de l'État c'est en venir nécessairement à la question de la prise du pouvoir et à la forme du pouvoir exercé. Il n'y a donc pas, selon Lénine, d'État en général, mais un État déterminé dont la structure pour être comprise doit tenir compte du rapport de force dont il est l'expression.

La conception libérale de l'État peut être caractérisée à la suite de Engels et de Lénine comme l'ensemble des institutions *publiques* servant indifféremment le « bien commun » de telle sorte que celles-ci paraissent se situer à l'extérieur et au-dessus des intérêts de classe. L'État, et c'est cela qui fait de lui l'instance « publique » par excellence, étant réputé au-dessus des classes est placé de ce fait au-dessus de la société. La « séparation » de l'appareil d'État, son indétermination postulée, son indépendance prétendue des rapports de force sociaux induisent l'idée de la « *société* », ensemble homogène, certes traversé de courants conflictuels, mais en dernière analyse, réduits et dépassés par la puissance de l'État séparé. La « société », pourtant, est une abstraction et, conséquemment, l'État « libéral » une mystification. Au pacifisme qui traverserait la « société » au-delà de ses conflits, Lénine oppose la violence essentielle et constitutive de la lutte des classes. De sorte que, à la violence réelle de la société correspond la violence étatique : l'État *est* dictature.

On atteint ainsi la conception léniniste de l'État ; celui-ci est l'organisation de la violence de classe. Penser la politique d'État, c'est penser la violence d'État. Dire que la machine d'État — armée, police, « détachements spéciaux d'hommes armés », justice — est l'instrument de la domination de classe, est une proposition correcte à condition de ne pas y voir une domination pacifique, mais une répression violente : une *dictature*. La liaison du problème politique à celui de la *violence* est corrélative de la liaison du problème de l'État à celui de la révolution. La méconnaissance de cette double corrélation est, pour Lénine, génératrice premièrement, de l'opportunisme politique (« petit-bourgeois ») et, deuxièmement, de la négation de la dictature du prolétariat. Politiquement, la continuation de la lutte des classes, c'est-à-dire la perpétuation de la dictature d'État est le point décisif permettant de penser l'État en période de révolution.

Ce qui permet de saisir que le *principe* de la critique léniniste de l'État libéral est, paradoxalement, la conservation du modèle étatique de domination. En effet, la révolution ne permet pas, pour Lénine, d'en finir avec la forme « État », elle consiste seulement à détourner au profit de la révolution le point d'application de sa « dictature ». Lénine préconise de transformer l'orientation de la violence, alors même que la structure du pouvoir d'État comme dictature est maintenue. *Le léninisme n'est donc pas la critique de la forme État, il est au contraire l'approfondissement du modèle étatique, on oserait dire son perfectionnement.*

En soi, l'État est appareil de domination de classe, il le demeure après comme avant la révolution. En plaçant le problème révolutionnaire au centre de la définition de l'État, Lénine en manifeste le principe, si bien que la critique de l'État bourgeois aboutit finalement à le révéler à lui-même, à le mettre en face de ce qu'il *est*, sans plus tenir compte de ses justifications qui sont autant de mystification de sa vraie nature. C'est précisément de cette vraie nature de l'État — dictature de classe — que Lénine déduit la forme de l'État révolutionnaire. On voit pourquoi la *suppression* radicale de l'État n'est pas la destruction de l'État en soi, mais de l'État bourgeois. La stratégie de l'État révolutionnaire consiste alors, sur les débris de l'État bourgeois, à édifier consciemment l'*État en soi*, conformément à son principe révélé par la critique.

Démocratie et dictature

La conservation par Lénine (et le léninisme) de la *forme-État* comme institution du pouvoir de classe, son perfectionnement doctrinal qui amène l'idée de destruction de l'appareil d'État, conduisent Lénine à opposer démocratie « bourgeoise » à démocratie « prolétarienne », tout de même qu'il opposait à l'appareil d'État bourgeois l'appareil de la classe ouvrière.

Le concept de démocratie n'est pas univoque. Comme type de *gouvernement*, la démocratie doit être comprise comme pouvoir étatique, autrement dit dans son rapport étroit avec la violence de classe. C'est dire que la théorie de la démocratie, comme son institution historique, relève de l'examen de la *dictature* de classe. A ce titre, la notion de démocratie est pour Lénine singulièrement contradictoire : elle est dictature. Mais comme telle, elle ne peut servir à la dictature du prolétariat. Celui-ci ne peut tourner à son profit la démocratie bourgeoise ; il ne peut pas se borner à imiter, à élargir ou, *a fortiori*, à conserver le modèle démocratique libéral. Le prolétariat doit « s'organiser en classe dominante ». Ce qui consiste non à restaurer *la* démocratie, mais à instaurer *sa* démocratie — dans la forme d'une dictature d'État.

On le voit, la pensée politique de Lénine est une pensée de l'État : il voit dans le modèle étatique l'instrument de pouvoir dont *à la fin* la société communiste se passera. Le *dépérissement* de l'État n'est pas, pour lui, une pétition de principe s'alimentant à un volontarisme politique optimiste, mais se veut une déduction rationnelle des rapports sociaux de production tels qu'ils seront dans la société communiste. La définition politique, exclusivement politique, de la démocratie — tout comme sa critique — est donc, selon Lénine, radicalement impropre à en donner le sens. La démocratie, dans sa forme républicaine bourgeoise est une abstraction si elle n'est pas rapportée au *capitalisme* dont, au reste, selon Lénine, elle est la meilleure traduction politique pour les classes populaires. Quant à la démocratie prolétarienne, sa compréhension n'est assurée que dans la mesure où elle est également réfléchie comme forme politique de la période de transition du capitalisme au communisme. En ce sens, elle *est* le socialisme. De sorte que, la « suppression de la démocratie » correspond, pour Lénine, à la destruction de l'appareil d'État bourgeois, d'une part ; d'autre part, le « dépérissement de la démocratie » correspond fondamentalement au développement considérable des « forces productives » sous le socialisme.

La critique par Lénine de la « démocratie pure », du démocratisme abstrait, la conception de l'État comme dictature (de classe) fait de *L'État et la Révolution* l'ouvrage qui, après *Le Prince* et *Du Contrat social*, a contribué le plus à l'institution historique de l'État. Il marque l'approfondissement doctrinal d'une séquence théorique — prince, peuple, parti — qui, développée au cours de quatre siècles, a contribué à l'épanouissement d'une pratique singulière, contemporaine du processus d'universalisation de l'économie marchande : la *puissance d'État*.

ROSA LUXEMBURG

1870-1919

La Révolution russe [1]

1918

Pour Rosa Luxemburg, comme pour Lénine et Trotski, le problème politique est celui de la révolution : la « dictature du prolétariat » comme forme de l'État révolutionnaire est au centre de sa réflexion théorique. Dans son écrit sur la révolution russe, elle affirme sa totale adhésion à la prise du pouvoir par les bolcheviks, mais le modèle étatique, que la révolution met en œuvre et qui, déjà, était visible dans *L'État et la Révolution* de Lénine, fait l'objet de vive critique. Le différend qui l'oppose au fondateur de l'État soviétique touche au principe d'application de la dictature du prolétariat. D'où sa critique du léninisme.

Dictature ou liberté ?

Le problème politique, tel qu'il ressortait de *L'État et la Révolution* était celui de la liaison de la dictature et de la démocratie. C'est cette liaison qui est mise en cause par Rosa Luxemburg. Tout son écrit de 1918 tend à montrer, contre Lénine, que le contenu de la dictature du prolétariat,

1. Traduction C. Weil, in *Œuvres*, tome 2, Maspéro, Paris, 1971.

loin de requérir la négation de la démocratie, en est au contraire l'affirmation de principe. Contre Lénine, Rosa Luxemburg pose que l'État en période de dictature du prolétariat doit être défini comme *cette* démocratie. La suppression de la démocratie était chez Lénine corrélative de la destruction de l'État « bourgeois » ; ce point était, à ses yeux, rendu nécessaire par le fait que le prolétariat ne peut pas faire fonctionner, pour son propre compte, la machine d'État républicain bourgeois que, précisément, il doit combattre.

En fait, Lénine n'opposait pas dictature et démocratie, mais de leur *liaison* il déduisait la nécessité de la première, véritable structure de l'État. Rosa Luxemburg ne s'y est pas trompée puisque, pour elle, le contenu de la dictature du prolétariat réside dans « le mode d'application de la démocratie et non dans sa suppression » (p. 88).

La question de la démocratie

La démocratie étant, pour Rosa Luxemburg, le contenu politique du socialisme, par conséquent, sa mise en œuvre, comme sa définition, ne peuvent pas être décrétées par oukaze. Le socialisme qui *est* la dictature du prolétariat ne résulte ni de la décision d'un homme ou d'un parti, ni d'une instance extérieure à la masse entière du peuple (bureaucratie de fonctionnaires), ni de la limitation draconienne de l'opinion publique (presse, élections générales, réunions). En d'autres termes, le socialisme n'est pas connu d'avance, en sorte que son avènement doive consister en une série de décisions et de mesures déjà préparées, longuement mûries dans le cerveau d'une poignée d'intellectuels qui, le moment venu (la révolution), s'emploient à les mettre en œuvre et à les appliquer dans la pratique. Le socialisme, pour Rosa Luxemburg, parce qu'il n'est pas une théorie donnée d'avance, ne connaît pas de séparation avec la pratique révolutionnaire. Il est l'invention pratique des masses au cours de la révolution. La seule institution qui le définisse, mais dont le contenu pratique est à découvrir spontanément, est le « contrôle public » (p. 84), démocratie directe par le peuple en lutte dont « l'idéalisme créateur » s'oppose absolument à toute tentative de dirigisme autoritaire. Si la dictature du prolétariat est bien la forme révolutionnaire de l'État, son contenu « socialiste » est l'épanouissement autonome de l'invention politique permanente du peuple.

Dans ce refus de définir *a priori* le socialisme, ce qui lui fait retrouver l'inspiration fondamentale de Marx, qui se refusait pareillement à toute construction servant à remplir, disait-il, les « marmites » de l'avenir, Rosa Luxemburg critique fondamentalement, dans le léninisme, la conception du rôle dirigeant et « dictatorial » non pas tant du parti que de son avant-garde elle-même, aile avancée et tenant entre ses mains le véritable *pouvoir*. Elle voit dans ce pouvoir de quelques uns la négation du socialisme authentique.

Cet attachement de principe ne contrarie pas toutefois son opposition lucide, non moins fondamentale, à l'autoritarisme du grand révolutionnaire. C'est là, précisément, ce qui rend sa compréhension de l'exemplarité historique de la révolution russe si nuancée. Ayant trouvé en Rosa Luxemburg sa plus pertinente critique, Lénine trouve en elle son plus clairvoyant soutien.

MAX WEBER
1869-1924

Le Savant et le Politique[1]
1919

Les deux conférences dont est composé *Le Savant et le Politique* ont été prononcées au lendemain de la Première Guerre mondiale et de la révolution russe que, à ce moment, Weber ne semble pas prendre très au sérieux, au lendemain aussi de l'écrasement de la révolution allemande, révolution des « Conseils » dont Rosa Luxemburg fut l'actrice et la théoricienne. Pourtant, l'objet de ces deux textes — sur la vocation du savant et celle du politique — n'est pas de prendre parti sur ces grands événements. Homme de science, Weber n'est pas homme d'action et ne prit jamais part à la vie publique en tant qu'acteur. En cela, l'auteur d'*Économie et Société,* ouvrage fondateur de la sociologie moderne non marxienne, a conformé sa vie à sa théorie. *Le Savant et le Politique* présente, en effet, une thèse maintenant classique : les valeurs du « savant » ne sont pas les valeurs du « politique » ; les mobiles de la science ne sont pas ceux de l'action. A l'objectivité de la science, Weber oppose en quelque sorte la subjectivité du métier politique. L'ordre du savoir est,

1. Présentation de R. Aron, Christian Bourgois éditeur, col. 10/18, Paris, 1991.

de ce point de vue, différent par nature de l'ordre du pouvoir. Ce qui ne signifie pas, on s'en doute, que Weber méconnaît leur lien dans la réalité sociale globale.

Le professionnel de la politique

L'ouvrage propose une explication de l'activité scientifique, en ce qu'elle se distingue par nature de l'activité politique, à partir de la notion de « vocation » (*Beruf*). La notion religieuse de vocation (Weber en a fait la généalogie à partir de Luther dans *L'Éthique protestante et l'esprit du capitalisme*) lui permet de différencier les deux métiers de savant et de politique. La vocation est liée chez Luther au statut de créature : l'homme, créature pécheresse, doit demeurer dans son état. D'où une valorisation du métier, du travail, de l'activité laborieuse et enrichissante puisque le travail est une condition de la créature. Aussi le métier de savant ou de politique correspond-il à la vocation que l'on a d'être homme de science ou homme d'État.

Les analyses de Weber sur l'homme d'État contenues dans *Le Savant et le Politique* sont encore d'une extraordinaire actualité. Contre une sociologie d'inspiration marxienne qui détermine l'action politique par la place des acteurs dans le processus social de production, on voit que Weber détermine le statut de l'homme politique par la subjectivité (la vocation relève de la subjectivité, non d'une causalité matérielle).

Qu'est-ce donc que l'homme politique ? Quelles sont ses valeurs ? Répondre à ces interrogations, c'est d'abord partir d'une constatation : l'État rationnel moderne — dont Weber observe la formation — est un État gouverné par des fonctionnaires, des administrateurs ; l'État moderne est « moderne » en ce sens précisément qu'il produit pour son fonctionnement une catégorie nouvelle de métier, le métier politique. L'homme politique moderne, l'homme de l'État (et l'homme d'État) est un *professionnel de la politique*. Comprendre en quoi la politique peut être un métier, une profession suppose la définition de ce qu'est la politique. Mais avant de définir la politique comme telle on peut déjà dire en quoi consiste la vocation politique ou plutôt on peut voir pourquoi, désormais, dans l'État moderne rationnel, la politique est une vocation. Puisque l'État est un État de fonctionnaires (au sens large de ce mot), il est clair qu'il faut des hommes animés par la vocation de le servir. Le *service de l'État* est une notion nouvelle de notre temps non pas parce qu'avant l'État rationnel il n'existait pas de serviteurs de l'État, mais parce que le XXe siècle produit des couches entières de population, véritables armées de serviteurs. Là où l'on avait un Colbert ou un Bismarck, on a désormais des millions de fonctionnaires. Le professionnel de la politique, dont l'avocat est l'archétype, se recrute par le mérite, par le talent ; il est formé, éduqué à la politique, et les écoles de formation sont les partis politiques pour ce qui est des personnels en charge du gouvernement. En ce qui concerne les personnels en charge de l'administration, les fonctionnaires (au sens strict), sont formés par l'université, les écoles spécialisées.

Il est certain que la carrière politique et/ou administrative n'est, dans ce contexte de l'État moderne rationnel, et ne peut être que l'effet d'une vocation. Corps de fonctionnaires et/ou « classe politique » traduisent, selon Weber, ce qui fait la spécificité de l'État rationnel : l'existence (et la croissance) d'une *fonction publique* à laquelle les États constitutionnels modernes permettent à quiconque d'accéder pourvu qu'il en ait la vocation. A la différence des États d'ancien régime, la fonction publique moderne est *publique* ; l'État rationnel ne fonctionne pas grâce à des charges héréditaires. Le développement de l'éducation et de l'information est dès lors une nécessité consubstantielle à la vie politique moderne.

Légitimité et démagogie

Qu'est-ce donc que l'État moderne ou plutôt, qu'est-ce que la *politique moderne* ? La définition weberienne de l'État est bien connue : monopole de la violence légitime.

Cela veut dire que l'État use de la violence comme moyen d'action, c'est-à-dire comme moyen pour parvenir à une fin qui est la domination. Ensuite, cela veut dire que cette violence (armée, police) ne se déploie que dans et par l'État — qui en détient le monopole. Enfin, cette violence est légitime parce que, exercée par l'État, elle s'exerce en droit.

Weber est ainsi amené à déterminer trois fondements à la légitimité. Mais il se demande d'abord de quoi il y a « légitimité », qu'est-ce qui est légitime ? C'est là une précision fondamentale qui lui permet de creuser et de préciser sa définition de l'État. La question de la légitimité, on le voit, est déterminante car dans la mesure où elle concerne l'usage de la violence la question fondamentale est de savoir non pas que la violence est le *moyen* de l'État (ou l'État comme moyen) mais de savoir quelle est la *fin*. Autrement dit, définir l'État par la violence légitime c'est supposer résolue une question qui pourtant ne l'est pas encore : la violence, pour *quoi* faire ; l'État, pour *quoi* faire ? Il est certain qu'il importe de répondre préalablement à cette interrogation si l'on veut que la question de la légitimité — question qui porte sur ce qu'elle *est* — ait un sens. A la question de l'État (violence) pour quoi faire, Weber répond que son objet est d'organiser la domination de l'homme sur l'homme : autrement dit la violence est l'*instrument* du pouvoir, elle n'est pas le pouvoir. La domination est l'État et celle-ci s'effectue violemment ; le pouvoir d'un homme sur les hommes s'effectue par la violence. On appelle donc État, selon Weber, l'organisation rationnelle d'un corps de fonctionnaires et de politiques dont la *fin* de l'action est d'assurer la domination sur les autres hommes par le *moyen* de la violence contrôlée par le droit.

Du coup, le problème de la légitimité (notion souvent beaucoup trop vague car idéologique) se ramène à ceci : en quoi et comment la domination peut-elle s'exercer *en droit* ? La question de la légitimité chez Weber est liée, on le voit, à celle de la violence non pas comme moyen, non pas comme fin, mais comme *droit*. En d'autres termes, disposer d'une justification (juridique ou morale) de l'emploi de la violence ne ferait pas de cet usage un usage légitime ; pareillement, agir selon des fins justifiées (juridiquement ou moralement) ne légitimerait pas la violence mise en œuvre pour les atteindre.

Il y a trois sortes de légitimité, selon Weber. Mais elles ne concernent pas exclusivement l'État moderne. Le pouvoir est légitime s'il est « traditionnel », « charismatique » ou « légal ». Telles sont les trois sources possibles, selon l'auteur, de la légitimité. A quelle(s) source(s) se rattache l'État rationnel moderne ? Au charisme et à la légalité. Les analyses du *pouvoir charismatique* sont fondamentales : elles éclairent nos systèmes politiques actuels, « démocratiques » ou non. Le charisme du chef, relève Weber, est consubstantiel à l'État moderne. Il en trouve l'exemple dans ce qu'il appelle le « libre démagogue ».

Le démagogue

Le *démagogue* est la grande figure du professionnel de la politique moderne « démocratique » découverte par Weber. Ses analyses, à ce sujet, ne sont nullement démenties plusieurs décennies après lui. Le *démagogue* est l'homme de la vocation politique par excellence. C'est, dit-il, le chef d'un parti parlementaire en Occident, c'est le leader dans un régime constitutionnel. Le *démagogue* au sens weberien est l'homme d'État moderne en personne ; né avec les progrès du constitutionnalisme, il remplace le prince, le monarque des principautés classiques. Le *démagogue* est le résultat du processus violent par lequel les princes ont été chassés du pouvoir pour incompétence. Lentement la nécessité du savoir, de l'information (Weber est le premier, dès 1919, à montrer la formation d'une caste : le tandem journalistes-hommes politiques), a permis au démagogue, à la tête d'une troupe de spécialistes, de « connaisseurs », d'évincer le prince pour cause de dilettantisme. La politique devenait ainsi une affaire de *métier*, elle devenait une profession à laquelle quiconque pouvait accéder s'il en a la « vocation » — sans distinction de classe, d'origine, de fortune.

Le *démagogue*, lui, a non seulement la vocation, mais encore il possède la capacité d'unir ce qui chez un homme de moindre envergure est contradictoire (et conduit l'homme politique ordinaire à la corruption) : l'éthique de la « conviction » et l'éthique de la « responsabilité ».

MAX SCHELER
1874-1928

L'Idée de paix et le pacifisme [1]
1931

Cet ouvrage de Scheler, trop peu connu aujourd'hui, est composé d'une série de conférences prononcées par le philosophe devant un parterre de hauts responsables militaires et politiques allemands, en janvier et février 1927. Elles n'ont fait l'objet d'une publication qu'après sa mort, survenue en 1928. Ce texte est un écrit de circonstance puisqu'il a été rédigé et prononcé quelques mois après la signature des accords de Locarno (1925). Sa portée, cependant, dépasse de loin les circonstances qui l'ont suscité.

Localité suisse, Locarno fut le lieu d'une importante conférence internationale où siégèrent la Belgique, l'Allemagne, la Grande-Bretagne, l'Italie et la France ; on y signa des accords fixant les frontières de ces pays. Les Accords de Locarno étaient censés, alors, assurer une paix définitive en Europe. A la suite de la signature des accords par l'Allemagne, celle-ci obtint d'être admise à la Société des Nations (SDN). Cependant, la convention de Locarno n'a été ratifiée en novembre 1925 par le Reichstag que de justesse, face à l'opposition ferme du courant nationaliste :

1. Trad. R. Tandonnet, Aubier, Paris, 1953.

dès lors, il apparaît clairement que la convention de Locarno n'est, de toute façon, dans l'esprit de beaucoup, qu'une étape en direction d'une nécessaire révision des dispositions du traité de Versailles, un traité dont on sait que, en raison de la rigueur *punitive* de ses clauses vis-à-vis de l'Allemagne vaincue de 1918, il doit être regardé comme l'une des causes essentielles de la Seconde Guerre mondiale.

L'ouvrage de Max Scheler est un moment important du débat allemand de l'époque. L'idée de *revanche* n'a pas quitté les hautes sphères dirigeantes, industrielles, militaires et politiques de la république de Weimar. Et l'essai de Scheler vise à faire le point sur la question de la « Paix perpétuelle », ou plutôt sur la *possibilité* de la paix perpétuelle dans l'Europe de l'époque. Mais il est certain, l'avenir le montrera, que ce qui concerne l'Europe, concerne immédiatement le monde.

L'idée de « paix perpétuelle » n'est pas nouvelle. L'abbé de Saint-Pierre, commenté par Jean-Jacques Rousseau, en a introduit l'idée au XVIIIe siècle. Emmanuel Kant lui consacrera un essai fondamental, aujourd'hui encore indépassable en son principe : *Vers la paix perpétuelle, essai philosophique* (1795). Kant y examine la *paix perpétuelle*, non en rêvant d'on ne sait quelle paix éternelle, mais en considérant qu'elle est une « idée régulatrice » de l'action politique. Autrement dit, ce n'est pas parce que les hommes, ou plus justement, les États, se font la guerre en Europe que le *principe* de la paix perpétuelle, comme but moral, doit être abandonné. Pour les États, il ne saurait, au contraire, y en avoir d'autre.

Scheler accepte ce point de départ (comme nous devons encore l'accepter aujourd'hui pour nous-mêmes, Européens). Mais, alors que Kant raisonnait sans se référer explicitement au monde historique de son temps, sans toutefois l'ignorer, Scheler revient sur ce principe de la « paix perpétuelle » à la lumière de l'histoire. Quelle est cette histoire, quel est son enjeu ? C'est la possibilité (ou l'impossibilité) de réaliser la paix en Europe. Dans cet examen, l'Allemagne est l'élément clé : « champ de bataille » potentiel entre l'Est « bolchevique » et l'Ouest « capitaliste » d'une part, humiliée par le vindicatif traité de Versailles, en proie aux incertitudes morales et politiques de la république de Weimar, dont la démocratie est hésitante et menacée par des luttes de classes, une Allemagne enfin que l'esprit de revanche n'a pas quitté.

Dans ce contexte, l'essai de Scheler sans être du tout belliciste (ou « revanchard ») n'en est pas moins une condamnation du pacifisme. Le titre de l'ouvrage, d'ailleurs, est exactement révélateur du projet théorique : l'*idée* de paix (« paix perpétuelle » de Kant), en tant qu'idée régulatrice, est en elle-même, une condamnation totale du « pacifisme ». En d'autres termes, le « pacifisme » est fauteur de guerre ; le « pacifisme » s'oppose à la paix.

Ce n'est pas dire, on s'en doute, que le bellicisme soit nécessaire à la paix. Ce n'est pas dire non plus, si l'on se réfère au contexte historique allemand, que l'esprit de « revanche » (Scheler dit que l'idée de revanche est originairement une idée française, non allemande) soit favorable à la paix. Au contraire, Scheler critique vigoureusement le « *romantisme allemand de la guerre* », par exemple, l'idée exprimée par Hegel pour qui la guerre est accoucheuse de l'esprit. La guerre comme « *maïeutique de la culture* » est une conception belliciste, et Scheler appelle l'Allemagne, en la personne de ses responsables militaires, à se défaire de cette dangereuse conception. De même l'exaltation allemande du « *héros* » est condamnée ; le *pacifisme héroïque* n'est pas facteur de paix : « le héros, écrit-il, n'est pas le modèle suprême de l'homme » : le véritable héros n'est pas Alexandre à cause de ses conquêtes territoriales, mais Aristote en raison de ses conquêtes de l'esprit.

En son fond, *L'Idée de paix et le pacifisme* est motivé et inspiré par le destin de l'Europe, par la question philosophique qu'a fait surgir la Première Guerre mondiale : la paix en Europe est-elle possible ? Une question qui revient à celle-ci : une union politique de l'Europe est-elle possible ?

Scheler ne répond pas à cette question. Il la pose à la lumière de la guerre. Cette guerre qui a désarmé l'Allemagne (condition humiliante, inacceptable et injuste selon lui) aura cependant eu pour mérite de faire advenir l'humanité comme telle. 1918 est pour Scheler la fin d'une lutte opposant l'humanité à elle-même en opposant les Européens à eux-mêmes. En ce sens, cette guerre est, ou plutôt *doit être*, la dernière.

L'Idée de paix et le pacifisme, cependant, ne laisse aucune prise à un quelconque idéalisme de la paix ; au contraire, c'est un tel idéalisme qui est critiqué tout au long de l'ouvrage, sous toutes ses formes. Aussi l'idée que l'humanité arrive à elle-même en sortant de la guerre est plutôt l'idée que l'humanité sort, avec la guerre, de sa préhistoire.

Scheler thématise le passage de l'homme à l'humanité non d'un point de vue moral, mais historique. C'est, dit-il, de la guerre de 1914-1918 que *commence* l'humanité. L'humanité comme « réalité historique » est une « *tâche* » ; elle n'est pas le sujet d'une histoire. L'humanité comme « tâche », tel est donc le sens général de *L'Idée de paix et le pacifisme*.

Si l'humanité est une « tâche », c'est qu'elle n'est pas une réalité donnée. Aussi, quand Scheler s'adresse à l'intelligentsia militaire allemande c'est parce qu'il estime que l'Allemagne a une responsabilité éminente dans l'avènement historique de l'humanité. C'est à l'Allemagne, au cœur de l'Europe, qu'échoit plus qu'à toute autre nation la « tâche » d'accomplir l'humanité non comme sujet, mais comme réalité historique. Or, dans cet accomplissement, qui concerne non seulement l'Allemagne, mais l'Europe, non seulement l'Europe, mais le monde ainsi que vient de l'enseigner tragiquement la guerre, l'obligation morale et politique d'une critique, par la raison philosophique, des idées « pacifistes », est décisive. Bellicisme revanchard ou romantisme guerrier, pacifisme rêveur et naïf sont radicalement dénoncés par la raison, comme ferments de guerre.

D'où cette question, naturellement, qui surgit de la critique elle-même : *quid* de la paix perpétuelle ? La réponse est, selon Scheler (qui s'abstient de toute affirmation intempestive : recettes et moyens) dans une réforme spirituelle de la jeunesse allemande qui se laisse aller, au non de l'idéalisme utopique ou du romantisme de la « revanche », à nier la justesse morale et politique de la *fin* que constitue la « paix perpétuelle » sous prétexte qu'il y a lieu de critiquer le *moyen* d'atteindre une telle fin. Ce moyen, c'est la Société des Nations. La SDN, organisation *juridique* internationale est, en tant que moyen pour atteindre la fin qu'est la paix, très insuffisante. Si la SDN est un moyen insuffisant, et doit, pour cette raison, être condamnée, une telle condamnation ne consiste pas à nier le bien fondé de la fin elle-même.

Scheler suit ici l'enseignement de Kant. Ce dernier avait, dans son essai, *Vers la paix perpétuelle,* démontré l'obligation des États, pour réaliser la paix, de constituer entre eux un état de droit ; c'est-à-dire de réaliser, dans l'ordre des nations, ce que l'État souverain particulier établit pour une nation particulière. Le règne du *droit*, et donc l'avènement d'un *ordre juridique* aux lieu et place de l'état de nature, de même qu'il est la condition de la paix civile, valable pour un peuple ou pour une nation particulière, doit être le principe sur lequel peut s'établir la paix entre les États.

Toutefois, l'originalité de *L'Idée de paix et le pacifisme* est de montrer sur la base de l'histoire réelle, et de la tragédie de la Première Guerre mondiale, que cette Société des Nations voulue et pensée par Kant, et historiquement réalisée, ne saurait en aucun cas suffire à établir la paix si le *droit* qu'elle incarne est désarmé — sans force. Le droit, dit Scheler, n'a pas de force si la force n'accompagne pas le droit, si la force n'arme pas le droit. C'est donc à une autre idée du *droit* (international) qu'appelle Scheler.

Plus largement, *L'Idée de la paix et le pacifisme* appelle à une autre relation de la force au droit : il faut *armer le droit.* Il n'y a pas de force au droit, si le droit n'est pas armé. En 1926, observe-t-il, il n'y a pas en Europe de raison de penser que la paix se maintiendra longtemps, malgré Locarno ou plutôt, *à cause* de Locarno. Or, la SDN, n'est l'incarnation ni de l'universalité du droit pur (elle n'exprime que les intérêts particuliers des puissances capitalistes), ni des bonnes dispositions morales des « vainqueurs » à l'égard de l'Allemagne, toujours suspecte ; en témoigne l'interdiction qui lui est faite de s'armer, malgré le danger bolchevique à l'Est. Faute de donner force au droit, on s'expose à donner droit à la force.

Tel est, finalement, le sens de *L'Idée de paix.* Près de soixante-dix ans plus tard, alors qu'il s'agit, aujourd'hui, d'unir l'Europe en vue de la paix, et, comme autrefois, d'assurer ainsi la paix du monde, il nous revient, à nous Européens, de faire ce que, en son temps, Scheler demandait aux Allemands de faire — et qu'ils n'ont pas pu ou pas su faire : orienter notre agir politique en direction de « l'idée régulatrice » de la *paix perpétuelle.*

CARL SCHMITT
1888-1983

La Notion de politique [1]
1932

L'essai de Carl Schmitt commence par cette proposition : « le concept d'État présuppose le concept de politique ». Dans la préface qu'il donne à la réédition de son livre en 1963, Schmitt observe qu'une telle affirmation faite d'entrée de jeu a de quoi surprendre par son abstraction même. En fait, il est certain que cette thèse ne trouve son sens qu'à la lecture de l'ouvrage, et même le livre entier en est un commentaire.

La politique pure

L'intention de Schmitt est de dissocier la notion d'État et celle de politique. Cette tentative présente quelque caractère de nouveauté. La pensée moderne ne se distingue précisément des problématiques qui l'ont précédée en ce qu'elle associe directement l'activité politique globale avec la pré-éminence de l'État. L'objet de l'écrit de Schmitt est de manifester la non-pertinence de l'équation État = politi-

1. Traduction M.-L. Steinhauser, préface de J. Freund, Calmann-Lévy, Paris, 1972, Flammarion, 1972.

que. En d'autres termes, si l'État est toujours de nature politique, Schmitt n'estime pas que la politique se réduise à l'État. Cette distinction a son importance par le fait qu'elle rend possible une interrogation quant à la spécificité de l'État, c'est-à-dire en fait quant à la spécificité de la politique moderne, depuis le XVIe siècle. Schmitt n'est pas le seul à avoir eu conscience de l'irréductibilité de la politique à l'État. Toute théorie faisant de l'État une forme historiquement déterminée (ce que fait le marxisme par exemple) et pour cette raison, appelée à disparaître, repose sur cette affirmation implicite que la politique n'est pas réductible au seul État. Comme le titre de l'ouvrage le donne à penser l'objet de Schmitt est de conceptualiser la notion de « politique » en tant que telle. On peut présenter la chose de cette manière : en quoi une action, une décision est-elle « politique », en quoi ne l'est-elle pas ? Il convient de préciser que l'intention de Schmitt n'est pas de dégager l'essence du politique si l'on entend par essence le principe universel de toute activité politique en tant que telle. En fait, il faut comprendre la tentative de Schmitt comme une réduction méthodologique visant à isoler le phénomène politique de toute intervention non politique. Schmitt parle de « politique » dans son opposition au social par exemple, quitte à retrouver dans l'État l'institution de la politique pure. La politique, en soi, en tant que niveau identifiable, *n'est pas* le social, c'est-à-dire les relations conflictuelles ou complémentaires de classes ; elle *n'est pas* l'économie, c'est-à-dire la production et l'échange de marchandises ; elle *n'est pas* non plus le culturel ou le religieux.

C'est donc un point de vue différentiel qui permet à Schmitt de distinguer à travers la multiplicité du phénomène social total le *critère propre* à identifier la politique en tant que telle. Ce critère est celui de la *relation ami-ennemi*.

Ami-ennemi

Caractérisée comme « discrimination de l'ami et de l'ennemi » (p. 66), la politique se ramène à ceci : comment rendre compte de l'union et de la désunion, de l'association et de la dissociation ? La politique est pour Schmitt le lieu où s'affrontent les individus ou les groupes quand on considère cet affrontement du point de vue de « l'ami » et de « l'ennemi ». Il n'est pas impossible de rechercher *ce qu'*il y a de politique dans les domaines identifiables *a priori* comme n'étant pas politiques. L'économie, par exemple, peut être identifiée sous le critère ami-ennemi. Il pourrait donc y avoir en économie une relation proprement politique identifiable. Mais c'est la *guerre* qui forme l'exemple idéal, au sens wébérien de ce terme, de la relation ami-ennemi. En elle, la nature de la relation se manifeste au plus près. Ce n'est pas une relation psychologique (l'autre est bon ou méchant) ; ce n'est pas une relation esthétique (l'autre est beau ou laid). La relation dont il s'agit n'est pas une relation personnelle en tant que telle, bien qu'elle mette en rapport des personnes. En ce sens, elle est bien une relation spécifique, non réductible à quelque forme de l'« autre » ou de l'« étranger ». L'autre, l'étranger, l'adversaire sont au contraire des figures de l'*ennemi*, de même que le camarade est une figure de l'*ami*. La vie politique consiste alors, selon Schmitt, à intégrer la relation ami-ennemi au champ social total. Un système politique tel que le libéralisme se caractérise par exemple, selon l'auteur, comme la tentative de réduction de l'ennemi au « concurrent » (économique) et à l'« adversaire » (dans la discussion).

Le problème que pose une théorie de l'État, conforme à cette problématique visant à définir une politique pure dont on a isolé le critère discriminant, est celui de savoir comment l'unité qui définit proprement l'État peut s'approprier la relation ami-ennemi. Comme il ne saurait, par définition, être question d'unifier ami-ennemi, ce qui reviendrait à annuler la politique elle-même, il faut ou bien que l'État ne soit pas strictement politique, ou bien que l'ennemi soit, sinon exterminé, du moins dominé. Cette *unité* que vise l'État se ramène, dès lors, à une cristallisation des luttes que se livrent à l'intérieur d'un territoire les parties en présence, autour de la relation ami-ennemi. Le point ultime de cette lutte est la *guerre civile,* tout de même qu'à l'extérieur la dialectique ami-ennemi préside au déclenchement de la *guerre* : « La guerre, écrit Schmitt, n'est que l'actualisation ultime de l'hostilité » (p. 73).

On voit que des concepts tels que « humanité », « droit » ne sont pas, par eux-mêmes, des concepts appartenant au vocabulaire de la politique ainsi définie. La notion d'humanité suppose abolie la distinction ami-ennemi. Quant au concept de « droit », et tout particulièrement à l'époque déterminée de la politique d'État, il est lui aussi très éloigné des catégories de l'ami et de l'ennemi. Cependant l'usage que la politique d'État fait du droit revient à le politiser en en faisant, dans les théories modernes de la souveraineté, le résultat de la volonté du souverain. De fait, le droit n'est, constate Schmitt, qui s'appuie ici sur Hobbes, que l'instrument de la relation d'obéissance qui lie le gouvernant et les gouvernés sur le mode de la relation ami-ennemi.

Il est remarquable que cette théorie de la politique pure se retourne en quelque sorte contre elle-même. Voulant penser la politique indépendamment de l'État, elle en vient finalement à prêter à la politique elle-même ce qui, dans son ensemble, appartient à l'État historique. Schmitt, en effet, qui refuse les justifications théoriques maintenant classiques de l'État libéral — la paix et la sécurité des citoyens — ne peut manquer d'observer que le domaine politique est celui, à y bien voir, de la violence et de l'esprit de conquête. De ce point de vue, il n'y a pas de différence entre la politique et l'État.

GUGLIELMO FERRERO

1871-1943

Pouvoir [1]

Les génies invisibles de la cité

1942

L'ouvrage de Ferrero est une tentative extrêmement neuve pour penser la souveraineté du point de vue du concept de *légitimité*. En effet, la notion de légitimité n'a pas donné lieu à un traitement systématique tel que l'ensemble de l'histoire politique contemporaine — depuis la révolution française — se trouve remis en perspective à partir de lui. Pour Ferrero la *légitimité* est le génie invisible de la cité. Elle est de la sorte l'être allégorique présidant à la fondation des cités, secrètement, mais aussi, peut-être surtout, à leur déchéance. Moteur de l'histoire politique, la lutte des principes de légitimité joue chez Ferrero le même rôle que la lutte des classes chez Marx : mieux, la lutte des classes s'explique par le conflit opposant les principes de légitimités les uns aux autres.

Un gouvernement est légitime si ceux sur lesquels son pouvoir s'exerce en acceptent les effets, c'est-à-dire la contrainte. On ne pourra donc parler de pouvoir légitime que si les sujets consentent à ce pouvoir même. Le consentement de la multitude, telle est la clé de tout

1. Le Livre de Poche, « Biblio essais », Paris, 1988.

pouvoir légitime. On pourrait donc dire à la suite de Ferrero que le pouvoir est légitime s'il a le *droit* de s'exercer. Si Ferrero ne recourt pas lui-même à cette formulation c'est que sa réflexion ne se développe pas dans le contexte d'une pensée juridique, mais dans celui d'une pensée historique.

Le recours à l'histoire est en effet fondamental ici. Le projet de *Pouvoir* est, au-delà d'une réflexion complexe et argumentée sur la nature des principes de légitimité tels que ceux-ci sont repérables dans l'histoire contemporaine, d'éclairer l'histoire vivante dont Ferrero est le témoin lucide. Son interrogation politique est une interrogation sur la signification de notre histoire présente. Selon un autre registre que celui emprunté par Hannah Arendt, par exemple, il s'agit de comprendre ce qui est à l'œuvre dans notre histoire. C'est en pleine Seconde Guerre mondiale que Ferrero publie son ouvrage — à New York. Il s'agit pour lui de comprendre comment la civilisation européenne en est venu à se nier elle-même à la faveur de deux guerres de cette nature ; mais surtout il s'agit d'ouvrir une brèche, un chemin nouveau dans l'interprétation politique de l'histoire européenne, chemin qui, s'il est emprunté, devrait contribuer à résoudre le drame qui se joue.

Depuis cent cinquante ans, constate Ferrero en 1942, l'Europe, à l'exception remarquable de l'Angleterre, est le théâtre d'un conflit pour ainsi dire secret, car « invisible » en son principe, mais dont les manifestations sont, elles, parfaitement visibles : le conflit entre deux principes de légitimité. Le principe « démocratique » et le principe « aristo-monarchique ». L'Angleterre a réussi, elle et elle seule, à assimiler le principe représentatif tout en conservant la monarchie.

Ces deux principes — monarchique et démocratique — dont le conflit est, selon Ferrero, la clé du processus historique, doivent s'entendre par rapport au concept de souveraineté. La légitimité démocratique ne peut s'évaluer que par rapport à la souveraineté du peuple ou de la « nation ». Pour Ferrero un tel principe de légitimité — démocratique — doit être distingué du principe de souveraineté du peuple, en tant que tel. C'est cette distinction entre la souveraineté et la légitimité qui s'y attache — distinction qui n'est ni opposition ni séparation — qui permet de comprendre la nature du principe de légitimité. En effet, le principe de souveraineté du peuple ne devient principe efficient et efficace politiquement que si (et seulement si) il est accepté et voulu par les hommes dans une cité quelconque. Ferrero montre sur l'exemple de la révolution française que le principe abstrait de souveraineté du peuple (Rousseau) ne devient *légitime* que s'il est d'abord rendu politiquement opératoire par Sieyès dans la forme *non populaire* de la souveraineté de la « nation ».

L'étude que fait Ferrero de ce cas est exemplaire et fondamentale. Elle éclaire considérablement l'obscurité de cette notion trop souple pour être rigoureuse de légitimité - notion fluide car idéologique. Ferrero montre que la souveraineté est liée par essence à la « légitimité » pour être en mesure de s'exercer réellement. Il en va d'ailleurs de même de toute autre forme de légitimité : élective, héréditaire, monarchique. Autrement dit, en ce qui concerne la légitimité démocratique, le passage de la « souveraineté du peuple » dans les choses politiques mêmes requiert un *processus de légitimation*. Un tel processus de légitimation est le processus historique lui-même. L'histoire *est* légitimation.

L'ouvrage développe ainsi, en dehors de tout académisme, une interprétation politique de l'histoire européenne, extrêmement suggestive, depuis la révolution française, entendue comme processus par lequel le principe démocratique, parti de France, se répand notamment par le moyen de la *guerre* et du despotisme partout en Europe. La révolution française est ainsi expliquée comme surgissement, et dérapage, de la souveraineté du peuple en quête de légitimité démocratique. Le *républicanisme* français gagnera l'Europe entière jusqu'à la Première Guerre mondiale. La fondation d'une nouvelle légitimité — la démocratique qui se substitue à l'aristo-monarchique — est fondation révolutionnaire et n'échappe pas à la guerre. Le XIXe siècle est tout rempli de cet effort des peuples pour réussir la révolution républicaine et démocratique. Si celle-ci échoue (de 1870 à 1917, constate Ferrero, seules la France et la Suisse sont des républiques en Europe), c'est que le principe aristo-monarchique est si l'on peut dire en position de résistance. Il faudra attendre 1917, une nouvelle révolution et la grande guerre, pour que l'Europe suive définitivement le processus de légitimation démocratique engagé par la France de 89.

L'explication que donne Ferrero à cette résistance des monarchies à la poussée irrésistible de la démocratie (en tout cas à la *représentation*) vient du caractère éminemment fictif du principe de *souveraineté du peuple*. Qu'est-ce que ce « peuple » déclaré souverain par Rousseau ? C'est pour répondre à cette question qu'ont lieu les révolutions en France et en Europe pendant le XIXe siècle. En ce sens, bien que Ferrero ne le dise pas, l'histoire est une explication de la philosophie, elle devient accoucheuse de philosophie en fixant un principe de légitimité. Il est évident, en effet, que, pour que la souveraineté du peuple ne soit pas fictive — et donc usurpée — il importe radicalement que le peuple soit un être vivant, doué de volonté, autrement dit produisant des effets réels visibles dans la cité. Ferrero critique ici Rousseau l'accusant d'avoir produit avec son idée de « peuple » un mythe dangereux car inconsistant et impersonnel, une sorte de mystère. Transformer ce mystère en personne réelle vivante est, pour Ferrero, la signification du processus historique né de la révolution française. Doter ce personnage métaphysique d'un corps et d'une âme est une opération violente et sauvage, cause de guerre civile et/ou nationale ; c'est un processus engendrant la peur et se nourrissant d'elle : la Terreur est cette dramaturgie historique scandée par le sang, elle est le sacrifice que le « peuple » requiert afin de donner corps à la légitimité de sa souveraineté. Terreur qui se répète et sacrifie les hommes jusqu'au milieu du XXe siècle.

Un principe de légitimité, observe Ferrero, n'est pas une comédie, il n'est pas non plus une mystification quand bien même serait-il mystérieux. S'il opère en secret dans l'histoire, au point que l'histoire qui n'en est que l'effet le dissimule à force de le rendre manifeste, il est, *l'Europe en est la preuve*, l'invisible cause des cataclysmes.

HANNAH ARENDT
1906-1975

La Crise de la culture [1]
1954

Le titre anglais de l'ouvrage — *Between Past and Future* — exprime mieux l'inspiration d'Hannah Arendt que le titre choisi pour l'édition française. En effet, l'ensemble de la réflexion d'Hannah Arendt relève d'une tentative pour penser le présent historique du « totalitarisme ». Ou plutôt, il s'agit de penser si une *pensée de la cité* est encore possible *après* l'avènement du totalitarisme. Penser après le totalitarisme du XXe siècle, c'est donc penser les conditions de cette pensée même. Pourquoi ? Parce que le propre du totalitarisme est d'être un système politique dont la fin est de rendre l'homme *superflu*. Comment, dès lors, penser la politique (comme communauté des hommes) si une politique a été possible historiquement qui éliminait physiquement l'homme de la politique ? La contradiction ici est absolue. Et totale l'impossibilité de penser.

La question cruciale posée par l'œuvre d'Arendt, une œuvre dont *La Crise de la culture* est un témoignage pertinent, est d'examiner comment il est possible de penser le « vivre-ensemble » des hommes après l'épreuve du

1. Trad. française sous la direction de P. Levy, Gallimard, « Folio », Paris, 1972.

totalitarisme. Autrement dit, Arendt entreprend de penser l'impensable.

Il s'agit donc à la fois de comprendre notre présent en tant que tel, comprendre ce qui s'est passé ; c'est se demander *de quoi* l'avènement du totalitarisme a-t-il été l'avènement ? Ou, si l'on veut : *Qu'est-il arrivé ?* Mais il s'agit aussi, et ceci est une conséquence nécessaire de cela, d'examiner les conditions mêmes de la pensée. Peut-on penser la cité *après* Staline et Hitler, puisque stalinisme et hitlérisme *sont* la destruction de toute cité ? Une telle interrogation suppose d'abord que soit examiné ce que signifient stalinisme et hitlérisme. L'œuvre d'Arendt s'emploie à répondre à cette double question. Certes, on peut penser *après* le totalitarisme ; le problème est de savoir *comment*. Les textes réunis dans *Between Past and Future* permettent de s'orienter en direction de ce *comment* de la pensée.

Le présent, séparant le passé de notre culture de son avenir, est double : présent événementiel (historique) et présent philosophique (politique et moral). La liaison de l'historique et du philosophique est constitutive de la pensée arendtienne. Or, ce que *Between Past and Future* repère est une rupture de la tradition, rupture qui, selon Arendt, rend à la fois raison de l'avènement, dans notre histoire, du totalitarisme, *et* de la pensée de ce qui vient après. Penser le présent, c'est donc le penser comme rupture d'une « tradition » et, ce faisant, c'est penser les conditions de la pensée elle-même. Mais il ne s'agit pas, bien entendu de la pensée en général ; il s'agit de la pensée politique, il s'agit d'établir à quelles conditions la cité des hommes est encore pensable après le totalitarisme.

Arendt part d'une donnée : le totalitarisme n'est pas pensable avec les catégories reçues de la pensée politique. D'où, soit dit au passage, la justification de ce néologisme parfois contesté (et contestable) de « totalitarisme ». Cette notion nouvelle vise, par sa nouveauté sémantique même, à signaler la nouveauté historique de ce qu'il définit. Impossible, selon Arendt, de comprendre — c'est-à-dire d'appréhender par la *pensée* — stalinisme et hitlérisme avec les catégories de « tyrannie » et de « despotisme ».

« La domination totalitaire, écrit-elle, en tant que fait institué, lequel, en ce qu'il est sans précédent, ne peut être compris à l'aide des catégories usuelles de la pensée politique, et dont les « crimes » ne peuvent être jugés avec les critères moraux traditionnels ni punis à l'intérieur du cadre légal de notre civilisation, a rompu la continuité de l'histoire occidentale » (p. 40).

Penser la rupture historique, rupture dans la culture ou dans la civilisation, c'est penser en fait la possibilité, au sens kantien des conditions du possible, d'une éthique, d'une morale de notre temps.

En quoi consiste, dès lors, cette rupture, brisure douloureuse quasiment non-pensable entre l'avant et l'après, entre notre passé et notre avenir ? En quoi consiste, en d'autres termes, la scandaleuse originalité de notre présent ? La question, on le comprend, ne consiste pas uniquement à se demander ce qu'est le totalitarisme, du point de vue, par exemple, d'une connaissance positive, sociologique ou politique du « phénomène totalitaire ». Cet aspect des choses n'est d'ailleurs pas du tout écarté par Arendt et nourrit, cela va de soi, sa réflexion. L'interrogation sur la nature de notre présent porte sur la question de savoir *comment* ce qui arrive (ou est arrivé) a été possible, et donc, *en quoi* cela rend ou ne rend pas possible notre avenir.

A cette question cruciale, question éminemment *philosophique* car essentiellement *morale*, Arendt répond par un examen approfondi de la « tradition » occidentale ; elle établit comment la modernité a conduit à rompre avec la tradition, mieux : comment la « modernité » *est* cette rupture même. Arendt montre que les modernes sont parvenus à un oubli du monde qui est, précisément, un oubli de l'homme. Le monde est devenu, par la science et par la technique, étranger aux hommes, et l'homme étranger au monde. Dès lors, histoire et nature ont cessé d'être connaissables. La *perte du monde* par l'homme est perte de l'homme lui-même.

D'où l'aspect décisif de la « tradition », révélé par la politique romaine : le caractère *sacré* de la fondation, c'est-à-dire l'obligation de préserver et maintenir ce qui est fondé par les générations futures. Cette préservation de l'héritage, matériel et spirituel, attestée par Rome, selon Arendt, est une dimension fondamentale de la culture européenne. C'est l'oubli, pire la négation, de cette tradition « romaine » qui rend possible le totalitarisme. Or, c'est cette tradition elle-même qui rendait possible la pensée du vivre-ensemble, pensée de la politique ; dans la mesure où, selon Arendt, le présent totalitaire de l'Europe est la destruction de cette culture, dans la mesure où il y a rupture avec le passé, alors c'est notre avenir lui-même qui n'est plus pensable. Ce qui vaut de Rome, est significatif de la tradition européenne, c'est, dit-elle, « la conviction du caractère sacré de la fondation, au sens où, une fois que quelque chose a été fondé, il demeure une obligation pour toutes les générations futures », (p. 183). Or, ce qu'invente le XXe siècle, est la mise en question absolue de la dimension sacrée. Le XXe siècle invente, en effet, une catégorie inouïe de l'action, négatrice du « sacré », catégorie monstrueuse, que l'on peut désigner par « tout est possible » ou, pire encore, « tout est permis ». Il ne s'agit pas là, on le comprend, de maximes psychologiques de l'action, mais des catégories de l'action réelle historique.

Retrouver les fondations perdues, renouer avec la « tradition » a été, selon Arendt, le projet fondamental des révolutions modernes. Celles-ci ont tenté de retrouver ce qui était perdu. De ce point de vue, la révolution française a été une tentative gigantesque pour renouer avec la tradition : mais cette tentative a échoué (seule la révolution américaine a réussi) en sorte qu'il apparaît que la Terreur était l'annonce des totalitarismes du XXe siècle.

L'entreprise philosophique d'Arendt, dont témoigne excellemment, on l'a dit, *Between Past and Future*, permet de poser une question fondamentale sur laquelle aucune pensée de la politique, notamment en Europe (d'Est en Ouest) ne peut faire l'impasse. L'affirmation fondamentale d'Arendt est que le « totalitarisme » est l'effet d'une rupture avec les catégories politiques et morales de la « tradition ». N'est-on pas fondé à se demander si le totalitarisme n'est pas, au contraire, en continuité avec cette même tradition, ou plutôt s'il n'est pas l'*effet de sa part maudite* ? Ce n'est pas là, il s'en faut de beaucoup, douter de la pertinence de la réflexion arendtienne, c'est au contraire lui donner toute son ampleur : c'est l'œuvre d'Arendt qui permet que la question de la *tradition* soit posée.

ÉRIC WEIL

1904-1977

Philosophie politique [1]

1956

Philosophie politique est le dernier ouvrage traitant philosophiquement de la politique, c'est-à-dire ayant entrepris d'exposer dans toute son ampleur ce qu'*est* la politique. En effet, il s'agit, pour Éric Weil de produire une *Politique*, autrement dit, de développer le savoir philosophique de la politique, en tant que « catégorie ». La politique est considérée ici comme une « catégorie » de la philosophie, tout comme la « morale », qui lui est liée, est, elle aussi, une catégorie du savoir philosophique. Penser la politique en philosophe, c'est donc comprendre la politique selon la *vérité*. En ce sens, on peut dire que *Philosophie politique* est le dernier livre de philosophie politique ; en tout cas, il n'y a pas eu en France (à vrai dire, pas uniquement en France) de philosophie politique depuis la publication de *Philosophie politique*, ce qui ne signifie pas, on s'en doute, que les philosophes, ici comme ailleurs, ne se soient pas intéressés à la politique. Ils se sont intéressés à la politique en historiens des idées politiques, non en penseurs de la catégorie de politique. Aussi, si l'on peut dire que la philosophie politique s'arrête

---

1. Éditions Vrin, Paris, 1956.

avec Eric Weil, cela ne veut pas dire qu'il n'y a plus d'œuvres philosophiques traitant de la politique, mais qu'il est le dernier penseur d'une tradition, celle du « droit politique » (Bodin, Rousseau, Hegel, etc).

C'est précisément cette différence existant entre un ouvrage traitant philosophiquement de la politique et l'énoncé (philosophique) d'une *politique* qui distingue les pensées particulières sur la politique d'une politique *pensée*. L'ouvrage d'Éric Weil appartient à cette dernière classe : l'auteur n'y énonce pas les pensées que la politique lui inspire (au sujet de telle et telle « questions politiques »), il entreprend, au contraire, de construire la politique *en pensée*, ce qui consiste à la penser en totalité, et comme totalité.On se bornera volontairement ici à en signaler seulement quelques articulations fondamentales de cet ouvrage difficile utiles à la compréhension du projet de *Philosophie politique*.

L'idée de la politique et la politique comme idée

« Nous avons essayé, écrit Éric Weil dans la Préface, de prendre au sérieux et *au pied de la lettre* ce qu'affirment l'homme moral, l'homme de la société, l'homme d'État et de regarder où les mènent leurs propres discours. » Cette précision est utile car elle nous met en garde devant une interprétation erronée du projet weilien. Une *politique* philosophiquement pensée n'est pas détachée du monde historique. Au contraire, elle permet, et elle seule le permet, de comprendre adéquatement ce qui est à l'œuvre dans l'histoire réelle, telle que celle-ci s'accomplit au moment où les hommes vivent et au moment, précisément, où ils désirent comprendre ce qu'ils font, au moment même où ils le font. L'idée d'une *philosophie politique*, c'est-à-dire d'une politique philosophiquement pensée, n'est donc pas une idée séparée du monde car elle est, précisément, l'*idée de ce monde*. Mais il ne s'agit pas, pour Weil, de n'importe quelle idée, il s'agit de l'idée *politique* du monde.

Cela permet de comprendre qu'une telle idée — l'idée de la politique comme telle ou la politique comme idée —

est tout éloignée de, et plutôt s'oppose à la construction d'un idéal. Par exemple, il ne s'agit pas de construire une république « idéale » et « parfaite » que le philosophe opposerait de l'extérieur à la cité imparfaite telle qu'il l'a sous les yeux et telle aussi que ses congénères la connaissent.

Cet exemple permet de comprendre en quoi une politique philosophique n'est pas une politique idéale, mais la politique en idée. Elle ne l'est pas, parce que la politique — comme *idée* philosophique — ne s'oppose pas au fait réel et connu que les hommes élaborent des idéaux et combattent pour eux, car *c'est un fait* que les hommes ont des idéaux politiques ; tout au contraire une *politique* (philosophique) sait que citoyens, gouvernants, penseurs, idéologues, etc., ont des idées sur la cité qu'ils veulent ; mais lui seul sait ce qu'eux-mêmes ne savent pas, que ces idées sont nécessairement partiales ou plutôt segmentaires. Ce n'est pas dire qu'elles soient fausses : elles peuvent être fausses, et peuvent donc aussi être vraies.

L'affirmation philosophique consiste, elle, à tenter une prise en compte de l'ensemble de ces pensées, existant empiriquement dans la cité, de les *comprendre* selon leur point de vue propre — celui d'individus singuliers ou de groupes particuliers. *Comprendre* ces pensées, c'est, au sens fort du terme, montrer en quoi elles sont liées à des intérêts particuliers et provisoires, qu'il ne s'agit en aucune façon de mépriser, pour la bonne raison que la politique vivante se nourrit d'elles quotidiennement. Toutefois, les comprendre, c'est révéler que leur particularisme même exprime non la pensée de la politique, mais justement l'*opinion politique*.

Selon Éric Weil, il y a peu de chance que la pensée philosophique soit entendue des citoyens et des gouvernants. La raison en est que le point de vue philosophique en politique est celui de l'universel et de la raison ; celui des acteurs est un point de vue individuel. A vrai dire, en tant que citoyens et en tant que gouvernants, les acteurs sont — en principe — à hauteur de l'universel. Mais on peut considérer que, même s'il pouvait en être ainsi en réalité — ce qui est très improbable — ni citoyens, ni gouvernants ne sauraient faire de la politique dans le sens où le philosophe la pense : selon l'universel.

Il n'y a qu'un seul point de vue *vrai* - c'est-à-dire concret — pour comprendre la politique, dit Weil, et ce point de vue consiste à la saisir du « point de vue du gouvernement ». C'est-à-dire de l'universel. Tout autre point de vue est, du coup, particulier, c'est-à-dire abstrait. Ce n'est pas dire du tout qu'il soit condamnable ; il est seulement abstrait alors même qu'il se dit lui-même très concret. Il en est ainsi des hommes politiques, en général des acteurs. Et il en va de même des sciences sociales positives (économie, science politique, démographie, sociologie, etc). Chacune de ces sciences ne propose qu'une connaissance déterminée et parcellaire de la politique. Ici non plus, il n'est jamais question, pour Weil, de nier l'exactitude de ces sciences, de leur propre point de vue. Elles sont exactes dans la limite de la singularité de leurs objets. C'est seulement le point de vue même qui n'est pas celui de la philosophie. Il est d'ailleurs courant que ces disciplines prétendent s'émanciper de la philosophie ; mais elles ne font alors que confirmer ce que la philosophie affirme, à savoir qu'elle n'est pas *une* science de la politique, mais justement le savoir de ce qu'*est* la politique. On voit que le projet de Weil est de proposer une philosophie politique qui pourrait être, pour ainsi dire, la raison commune aux sciences particulières de la politique.

L'ensemble de l'ouvrage repose sur une argumentation dont l'axe principal est la « contradiction » qu'il y a, selon Weil, entre la société en tant que telle et l'État, proprement dit. Une telle contradiction est en effet ce qui constitue la politique comme problème, à l'époque de l'*État moderne*.

Société, communauté et État

Le problème fondamental que les hommes de notre temps ont à résoudre est, selon Weil, qu'il y a contradiction entre la *société* qui repose en son principe sur le calcul rationnel (la « rationalité ») et l'État car celui-ci n'est pas calculateur rationnel : l'État est raisonnable. Il est l'organisation d'une communauté historique. Le problème général de la politique moderne pourrait donc se formuler ainsi : il résulte de la *tension existant entre le raisonnable et le rationnel.* Pour élucider la nature de cette tension (ou « contradiction ») Weil distingue entre État, communauté et société.

Il entend par *communauté* l'ensemble des hommes formant une unité organique et morale, c'est-à-dire « naturelle ». Ce qui ne signifie pas qu'une communauté soit toute entière donnée et existante dans la nature. Par communauté il faut entendre l'unité morale représentée, par exemple, par ce qu'on nomme aussi « nation ». Si donc la communauté peut être dite « naturelle » c'est par opposition à la société qui, elle, est dite « artificielle » ; pour être « naturelle », une communauté n'en est donc pas moins historique.

Qu'est-ce donc que la *société* ? La notion de société est fondamentale dans la construction weilienne. Elle se rapporte d'ailleurs étroitement (sans s'y réduire) à la conception hégélienne de la « société civile ». La société, dit Weil, est la forme que prend la lutte universelle des hommes avec la nature extérieure ; société s'oppose donc à nature extérieure, physique. C'est en ce sens qu'elle est, selon Weil, le mode d'existence de la rationalité, le « calcul » ; elle est le lieu de la « technique » et du « travail ». Il s'agit, en effet, pour les hommes, d'entrer en lutte avec la nature afin d'organiser leur survie. La société est la forme de l'humanité en lutte pour sa survie. Et telle société particulière — plus ou moins « développée » — est ainsi représentative de la lutte universelle de l'humanité contre ce qui n'est pas humain, la « nature ». La société est donc le milieu proprement humain du *travail.*

On aperçoit pourquoi, du point de vue strictement philosophique, Weil peut dire que le *problème politique*, en tant que tel, considéré pour lui même, est celui que tout gouvernement doit résoudre. C'est la « contradiction » existant substantiellement entre la société - forme de la rationalité calculatrice — et l'obligation morale universelle de l'État qui est de conserver et de permettre la durée historique de la communauté.

Cela permet de comprendre ce que Éric Weil appelle l'*État* : celui-ci n'est pas une chose, mais une « forme » : il est la forme permettant d'unir société (la rationalité technique, le calcul d'intérêt) et communauté (la morale raisonnable). L'État est la forme qui permet de *tenir ensemble,* dans la même unité morale historique, le travail social (la « société ») et la liberté, la vie d'un ensemble humain (la « communauté »).

On aperçoit la richesse du point de vue philosophique en politique, si l'on entend par philosophie la recherche du principe ; et l'on comprend qu'il n'y a aucun mépris de la philosophie pour le « particulier » sous quelque forme que ce soit (pratique ou scientifique) pour la bonne raison qu'une philosophie politique a finalement pour unique objet de penser en quoi le particulier *est* particulier. Le projet d'une philosophie politique digne de ce nom, loin des modes, des intérêts et des idéologies du moment, ne pourrait que suivre la leçon d'Éric Weil : tenter la saisie, par la pensée, de « la totalité de la vie des communautés-sociétés sur le plan de la conscience à laquelle elles accèdent dans l'État » (p. 155).

Il est possible que, dans le « monde tel qu'il est », pareille tentative de penser philosophiquement la politique ne parviendrait pas, quelque quarante ans après Weil, aux mêmes conclusions que lui — elle ne lui en serait pas moins redevable de lui avoir ouvert la voie.

JAN PATOČKA

1907-1977

Essais hérétiques

sur la philosophie de l'histoire[1]

Philosophe tchèque, Jan Patočka devait mourir entre les mains de la police des suites d'un interrogatoire policier. Le philosophe français Paul Ricœur écrivit dans *Le Monde* du 19 mars 1977, alors que venait d'être connu le décès de Patočka survenu une semaine plus tôt : « C'est parce qu'il n'a pas eu peur que Patočka a été... littéralement mis à mort par le pouvoir. » Jan Patočka venait d'écrire quelques heures seulement avant sa mort : « Ce qu'il faut, c'est dire la vérité. Il est possible que la répression s'intensifie dans des cas individuels. Les gens se rendent compte à nouveau qu'il y a des choses pour lesquelles il vaut la peine de souffrir et que, sans ces choses, l'art, la littérature, la culture, entre autres, ne sont que des métiers auxquels on se livre pour gagner son pain quotidien. »

Ces quelques lignes résument en une formulation limpide un aspect capital de la signification *politique* de l'œuvre philosophique de Patočka. Oeuvre essentielle, lumineuse, venue de l'Europe centrale alors plongée dans la *nuit* — le mot est de Patočka et doit être entendu dans son sens

1. Traduit du tchèque par Érika Abrams, préface de Paul Ricœur, postface de Roman Jakobson, Verdier, 1981.

mythologique et symbolique. De cette œuvre, les *Essais hérétiques*, dernière tentative du philosophe pour penser le monde tel qu'il est, sont l'expression exigeante et à bien des égards angoissée. Exigeante car l'effort philosophique, la tension de la pensée, y sont pour ainsi dire à vif. Comme si Patočka tout entier concentré dans l'acte de penser l'essence de notre monde historique concentrait la pensée sur elle-même en rendant ainsi, parfois, l'accès difficile. Angoissée également, la réflexion conduite dans les *Essais* l'est incontestablement. La *peur*, non pour soi-même mais pour cette « humanité européenne » déchue du XXe siècle, la *peur* de découvrir une vérité difficile à entendre est partout présente dans le texte et singulièrement dans son dernier chapitre où Patočka rend compte du *XXe siècle en tant que guerre*. Propos angoissant, parfois mystique, mais Patočka n'a-t-il pas écrit avant de mourir : « Il faut dire la vérité » ?

L'importance des *Essais hérétiques* tient au diagnostic que le philosophe porte sur l'état moral de notre temps. C'est-à-dire de notre histoire. L'ouvrage en effet est traversé par une interrogation (qui n'est pas sans rappeler celle qui fonde la réflexion d'Hannah Arendt) et que l'on pourrait formuler ainsi : Comment vivre humainement, après avoir traversé ce siècle de fer, de feu et de sang ? Question cruciale à laquelle il n'est pas sûr que Patočka apporte une réponse. Les *Essais* sont en effet plutôt la tentative pour poser cette question, c'est-à-dire pour montrer en quoi une telle question se pose ou, mieux, en quoi une telle question *doit* être posée.

Pourquoi une telle question *doit*-elle être posée ? C'est ce que démontre la méditation de Patočka sur l'histoire (le sous-titre est « *Sur la philosophie de l'histoire* »). Il ne s'agit pas, pour lui, de révéler on ne sait quel sens philosophique dont l'histoire réelle serait l'attestation et que le philosophe, précisément, serait capable de discerner dans les choses et d'énoncer dans ses livres. Patočka ne postule pas une Histoire (universelle) qui serait la raison et la norme d'une histoire (particulière), la nôtre. Il cherche à établir en quoi l'Europe (en sa partie occidentale) a « abandonné », dit-il, sa position dans le monde au cours du XXe siècle. En quoi les deux guerres mondiales et leur cortège de despotismes ont dépossédé l'Europe de son histoire. Les *Essais* dressent le sombre bilan d'une époque dont seule la philosophie a quelque chance de comprendre la signification tragique, tragique puisqu'il s'agit du *suicide* de l'Europe.

Suicide de l'Europe ? La question posée plus haut (*Comment vivre humainement* ?) renvoie donc à une autre question : si l'Europe s'est suicidée, qu'est-ce donc qui est mort ? Patočka est le premier à *oser* donner une réponse aussi radicale, aussi fondamentale : c'est la liberté d'Europe qui est morte. Proclamer que la *liberté est morte* — une formule que n'emploie pas Patočka, mais que les *Essais* nous contraignent à énoncer — c'est répondre à la question du *comment vivre humainement* non pas en indiquant les moyens (ce qui serait bizarrement dérisoire), mais en justifiant la question elle-même. Autrement dit, le diagnostic — la liberté est morte — donne à penser qu'une telle question se pose : « Comment vivre humainement ? »

En ce sens, les *Essais hérétiques* sont, à près de cent soixante-dix ans de distance, la réponse à la *Phénoménologie de l'esprit* de Hegel. Pour mieux dire, Patočka rectifie Hegel et les *Essais* sont la réécriture de la *Phénoménologie*. L'optimisme hégélien résidait dans l'affirmation que l'histoire européenne (et donc mondiale) est cette odyssée par où se déploie la liberté, de la Grèce antique à l'État rationnel moderne. L'affirmation de Patočka est, pour ainsi dire, la même, mais inversée : la naissance et le développement de la liberté — conjonction de la *politique,* de la *philosophie* et de *l'histoire* — au lieu de permettre une « fin de l'histoire » positive parce que la liberté est enfin conquise, a conduit, par un usage incontrôlé de la « science », à la fin négative d'une histoire — *la nôtre.*

En somme, la *Phénoménologie* de Hegel promettait une histoire qui eut bien lieu mais qui n'est plus : les *Essais hérétiques* mettent un terme à la *Phénoménologie de l'esprit*.

Table alphabétique des auteurs

Index des idées

« Souveraineté » *et* « État » *ne figurent pas dans cet Index en raison de leur très grande occurrence.*

A-C

D

E

R

S

T-U-V

Table

III. LES PRÉMODERNES

IV. LES MODERNES

V. LES CONTEMPORAINS

Composition réalisée par NORD-COMPOSITION

IMPRIMÉ EN FRANCE PAR BRODARD ET TAUPIN
Usine de La Flèche (Sarthe).
LIBRAIRIE GÉNÉRALE FRANÇAISE - 6, rue Pierre-Sarrazin - 75006 Paris.
ISBN : 2 - 253 - 06391 - 6 42/0505/0